UWE SANDER

MEIN GELD, MEIN PLAN, MEIN LEBEN

UWE SANDER

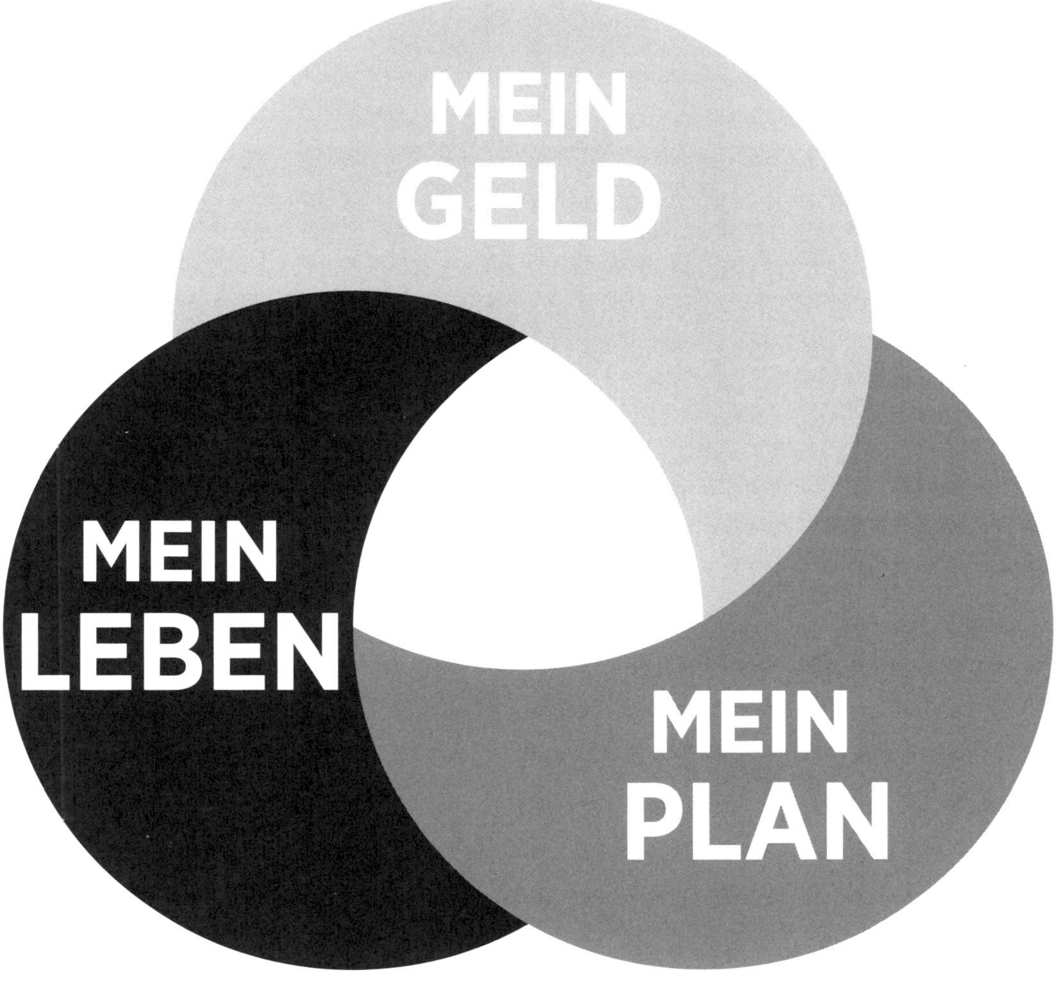

Wie man mit **Aktien** ohne Stress reich und zufrieden werden kann

FBV

Bibliografische Information der Deutschen Nationalbibliothek:
Die Deutsche Nationalbibliothek verzeichnet diese Publikation in der Deutschen Nationalbibliografie.
Detaillierte bibliografische Daten sind im Internet über http://dnb.d-nb.de abrufbar.

Für Fragen und Anregungen:
info@finanzbuchverlag.de

Originalausgabe, 1. Auflage 2022

Türkenstraße 89
D-80799 München
Tel.: 089 651285-0
Fax: 089 652096

Redaktion: Judith Engst
Korrektorat: Silvia Kinkel
Umschlaggestaltung Pamela Machleidt, München
Umschlagabbildung: Getty Images/Daniel Roland
Satz: ZeroSoft, Timisoara
Druck: Florjancic Tisk d.o.o., Slowenien
Printed in the EU

ISBN Print 978-3-95972-569-9
ISBN E-Book (PDF) 978-3-98609-080-7
ISBN E-Book (EPUB, Mobi) 978-3-98609-081-4

Inhalt

Vorwort

Meine Mutter Beate Sander, bekannt als Deutschlands Börsen-Oma, Bestsellerautorin und erfolgreiche Aktionärin, war so überzeugt von ihrer Strategie, dass sie keine Gelegenheit ausließ, um möglichst viele Menschen auf die Wichtigkeit und Alternativlosigkeit einer selbstbestimmten, planvollen Aktienanlage hinzuweisen.

In ihren zahlreichen Internetauftritten und Büchern – allen voran dem Bestseller »Der Aktien- und Börsenführerschein« – leben ihre Ideen weiter.

Mein eigenes Anlageverhalten wurde maßgeblich von Beate beeinflusst. Mehr als zwanzig Jahre lang tauschten wir uns über das Börsengeschehen aus – und so war mein Erfolg an der Börse kein Zufall, sondern das Ergebnis einer guten Planung und einer hervorragenden Mentorin. Meine Planung fußte auf ihrer fundierten, langfristig ausgerichteten Strategie. Meinen Lehrerjob habe ich inzwischen an den Nagel gehängt, um mich voll und ganz dem Thema Börse widmen zu können. Da ich mittlerweile an der Hochschule als Dozent Wirtschaftswissenschaften lehre, bleibe ich auch wissenschaftlich auf dem neuesten Stand.

An dem unglaublichen Potenzial, das von Beates Ansatz ausgeht, möchte ich Sie gerne teilhaben lassen. Dazu werde ich an konkreten und leicht verständlichen Beispielen die wichtigen Grundsätze erläutern, die es Beate und mir ermöglicht haben, langfristig ein Vermögen auf- und auszubauen.

Die sozialen Medien sind voll von unseriösen und dubiosen Empfehlungen zu waghalsigen und hochriskanten Anlageempfehlungen. Gleichzeitig wird Panik verbreitet und vor platzenden Spekulationsblasen gewarnt. Banken wiederum versuchen, ihre eigenen Produkte zu platzieren, die häufig mit hohen Gebühren einhergehen.

Gut beraten ist da, wer sich unabhängig und vielfältig informiert, auch bei Menschen, die selbst als Privatanleger aktiv sind, den wissenschaftlichen Hintergrund kennen und nur das empfehlen, was sie selbst erfolgreich praktizieren.

Kapitel 1
Einleitung

Wer nicht gut investiert, verliert langfristig einen beachtlichen Teil seines Geldvermögens. Selbst in Zeiten, als man für Festgeldanlagen noch 2 oder 3 Prozent Zinsen bekam, reichte die Rendite fast nie aus, um die Preissteigerung auszugleichen. Inzwischen gibt es so gut wie überhaupt keine Zinsen mehr, und Sparer werden stattdessen mit Strafzinsen, sogenannten Verwahr-Entgelten gequält.

Dass man durch eine geschickte Geldanlage selbst bei begrenzten finanziellen Voraussetzungen ein Vermögen aufbauen kann, ist vielen Menschen bekannt und dazu gibt es auch schon reichlich Literatur. Allerdings sind die vielen und komplizierten Informationen oft unseriös und mitunter schwer zu verstehen. In diesem Buch werde ich zeigen, dass es auch für Privatanleger in jeder Lebensphase gute und solide Möglichkeiten zum Vermögensaufbau gibt.

In zahlreichen Gesprächen habe ich erfahren, dass der finanzielle Reichtum oft abgekoppelt von der Lebenszufriedenheit ist. Mein Ansatz besteht deshalb darin, finanziellen Erfolg im Rahmen einer ganzheitlichen Betrachtung mit der Lebenszufriedenheit in Einklang zu bringen. Dieser Ansatz ermöglicht es mir, als Aktionär gut und beruhigt zu schlafen – trotz oder besser gesagt aufgrund einer gut gestreuten und langfristig ausgerichteten Anlage.

Da Emotionen wie Angst und Panik, aber auch Euphorie bei der Geldanlage zu großen Fehlern führen können, zeige ich Wege auf, wie man störende Emotionen wahrnehmen und kontrollieren kann, um in jeder Situation einen kühlen Kopf zu bewahren. Turbulenzen an den Finanzmärkten lassen mich ziemlich kalt, wenn ich weiß, dass ich ein gut diversifiziertes und widerstandsfähiges Depot aufgebaut habe, das langfristig mit hoher Wahrscheinlichkeit eine gute Rendite bringen wird. Vorübergehende Krisenphasen kann ich auf dieser Grundlage gut aussitzen.

Kapitel 2
Finanzplanung und Ausgaben-begrenzung

Wenn man langfristig ein Vermögen aufbauen will, ist es hilfreich, möglichst früh einige grundlegende Überlegungen anzustellen. In diesem Zusammenhang werden immer wieder Begriffe wie Risikoneigung, Anlagehorizont, Vermögensdecke, Renditeerwartung und Lebensalter genannt.

Dabei wäre es jedem Anleger am liebsten, in jedem Lebensabschnitt, zu jeder Zeit und unabhängig von der persönlichen Situation eine hohe Rendite ohne Risiko zu erzielen. Hohe Rendite ohne Risiko ist allerdings nicht möglich, auch wenn dies in unseriösen Quellen immer wieder angepriesen wird.

Wer hingegen geduldig, diszipliniert und gut informiert vorgeht, bringt wesentliche Voraussetzungen für einen langfristigen, finanziellen Erfolg mit. Der folgende Auszug aus dem Renditedreieck des Deutschen Aktieninstituts am Beispiel des DAX zeigt, dass man vor allem dann mit ordentlichen Renditen rechnen kann, wenn man lange genug in Aktien investiert.

Ein Rechenbeispiel zum Renditedreieck: Wer Ende 2011 auf den DAX setzte und das Investment zehn Jahre hielt, erreichte jährlich eine durchschnittliche Rendite von +10 Prozent, insgesamt also mehr als eine Kursverdopplung aufgrund des Zinseszins-Effektes. Ähnlich hohe und teilweise sogar noch höhere Renditen konnten auch mit dem MDAX, mit global ausgerichteten ETFs etwa auf den MSCI World oder auf nordamerikanische Indizes wie den S&P 500 erzielt werden.

Dabei will ich nicht verschweigen, dass unter den vielen Jahren mit positiver Rendite auch einzelne mitunter sehr »madige Jahre« dabei sind. In den vergangenen zehn Jahren reichte die Ein-Jahres-Rendite im DAX von minus 18 Prozent bis plus 29 Prozent. Entscheidend ist für mich der langfristige Zeitraum, der im

Renditedreieck unten rechts zu finden ist. Die dort ausgewiesenen jährlichen Renditen von plus 7 bis plus 10 Prozent entsprechen ungefähr den Werten, die man auch für wesentlich längere Betrachtungszeiträume berechnen kann. In der folgenden Tabelle zeige und vergleiche ich dies an den Zehn-Jahres-Renditen der vergangenen 90 Jahre aus DAX und S&P 500.

											Ankaufjahr ↓
										10	**2020**
									4	9	**2019**
								25	14	15	**2018**
							-18	1	2	5	**2017**
						13	-4	5	5	7	**2016**
					7	10	-1	5	5	7	**2015**
				10	8	10	2	6	6	7	**2014**
			3	6	6	8	2	6	5	7	**2013**
		25	13	12	11	11	6	8	8	9	**2012**
	29	27	18	16	14	14	9	11	10	10	**2011**
-15	5	11	9	9	9	9	5	7	7	8	**2010**
2011	**2012**	**2013**	**2014**	**2015**	**2016**	**2017**	**2018**	**2019**	**2020**	**2021**	← Verkaufsjahr

Grafik: selbst nachgebildeter Auszug aus dem DAX-Renditedreieck,
Quelle: Deutsches Aktieninstitut, www.dai.de

Langfristige Chart-Entwicklungen des DAX und des S&P 500*		
Zeitraum (jeweils von/bis **1. Handelstag im Januar)**	**DAX (Performance-Index)**	**S&P 500 (Kursindex)**
1932–1942		+ 7,0 %
1942–1952		+ 167,4 %
1952–1962		+ 200,6 %
1962–1972	- ***3,6 %***	+ 43,9 %
1972–1982	+ 1,1 %	+ 20,5 %
1982–1992	+ 221,4 %	+ 239,8 %
1992–2002	+ 218,7 %	+ 175,1 %
2002–2012	+ 14,4 %	+ 8,9 %
2012–2022	+ 161,5 %	+ 273,2 %

* Alle Angaben ohne Gewähr. Eigene Zusammenstellung auf Grundlage der Daten von www.finanzen.net

Beim S&P 500 (Kursindex) werden die Dividenden im Gegensatz zum DAX (Performance-Index) nicht berücksichtigt, sie machen beim S&P 500 im jährlichen Durchschnitt knapp 1 Prozent aus, aber auch das summiert sich in einer Dekade schnell auf 10 Prozent. Dennoch war die Performance des S&P-500-Index in den vergleichbaren Zeiträumen meist besser als die des DAX.

Mit Ausnahme des Zeitraums von 1962 bis 1972 brachten alle Dekaden eine positive Rendite, häufig war diese sogar dreistellig. Bei diesen langen Betrachtungszeiträumen erkennt man aber auch, dass es keine Garantie für eine üppige Rendite gibt, sondern lediglich eine hohe Wahrscheinlichkeit.

Kurz- und mittelfristige Rücksetzer gehören untrennbar zur Aktienanlage dazu. Sie lassen sich nicht vermeiden. 2020 setzte die Coronakrise die Aktienmärkte gewaltig unter Druck, doch die Erholung danach setzte schnell wieder ein. 2022 sorgten der Ukraine-Konflikt und die gestiegene Inflation für Verunsicherung.

Damit man in Phasen rückläufiger Kurse keine Fehler begeht, bedarf es mentaler Stärke, die sich zu einem gewissen Grad trainieren lässt, darauf gehe ich in Kapitel 9 des Buches genauer ein. Auch das Studium langfristiger Kursverläufe hilft enorm, »risikokompetent« zu werden. Mit Risikokompetenz ist gemeint, Risiken besser abschätzen zu können und die eigene Verunsicherung dadurch zu verringern.

2.1 Reichtum ist planbar

Erfolg ist kein Glücksfall, sondern das Ergebnis einer guten und langfristigen Planung. Es ist spannend, sich schon vor oder während der beruflichen Ausbildung auszurechen, wie viel Geld man in seinem »Berufsleben« verdienen kann, selbst wenn dies mit vielen Unwägbarkeiten verbunden ist.

Da ich mich für ein Hochschul-Studium entschied, bezog ich erst mit 26 Jahren im Referendariat ein regelmäßiges, festes Gehalt. Zuvor war ich auf Nebenjobs in den Semesterferien oder an den Wochenenden angewiesen.

Da ich als Lehrer verbeamtet war, waren meine Einkünfte gut planbar. Mit einem durchschnittlichen Netto-Einkommen von ca. 2500 Euro pro Monat konnte ich in 25 Berufsjahren Gesamteinkünfte von ca. 750.000 Euro erzielen. Hätte ich bis zur Pension als Lehrer »durchgearbeitet«, wären die gesamten Nettogehalt Einkünfte der 40 Berufsjahre – wie in vielen anderen Berufen auch – auf über 1 Million Euro angestiegen.

Diesen Wert, den man im Laufe eines Lebens erwirtschaftet, kann man auch als »**Humankapital**« bezeichnen. Zu den eigenen Einnahmen kommen eventuell noch weitere Unterstützungen und nicht planbare Einkünfte z. B. im Rahmen einer Erbschaft dazu.

Der Begriff Humankapital überbetont den finanziellen Aspekt, der an die Leistungsfähigkeit eines Menschen geknüpft ist. Daneben messe ich anderen Bereichen, wie Kreativität, dem Empfinden von Glück und Zufriedenheiten, der sozialen Verbundenheit, eine mindestens genauso hohe Bedeutung zu.

Wie viel finanziellen Erfolg man aus seinen Einkünften generiert, lässt sich mit verschiedenen Stellschrauben regulieren. Genauso wichtig wie die Einkommensseite ist es dabei, die Ausgaben zu prüfen.

»Von Millionären kann man das Sparen lernen.«

Diesen gängigen Spruch kann ich vollständig auf meine Mutter übertragen, die sich drei Mal überlegt hat, ob sie etwas wirklich benötigt, bevor sie einen Kauf tätigte.

Die Ausgabenbegrenzung schafft erst die Voraussetzung für den rechtzeitigen und konsequenten Anlageplan. Um diese These zu stützen, könnte ich gleich mehrere Beispiele aus meinem Bekanntenkreis aufzählen. Trotz eines vergleichbaren Einkommens saß das Geld bei einigen Menschen aus meinem Umfeld locker. Es kam ständig zu Spontankäufen, und für Urlaubsreisen wurden teilweise fünfstellige Beträge ausgegeben. Umgekehrt ist es hingegen oft so, dass ein Sparplan diszipliniert. Das Geld, das sich auf dem Girokonto gar nicht erst anhäuft, wird dann auch nicht für unnötigen Schnickschnack ausgegeben.

2.2 Ausgabenbegrenzung

In diesem Kapitel zeige ich einige Möglichkeiten auf, wie ich meine Ausgaben von Anfang an beschränkt habe, um auch schon in jungen Jahren mit geringen Einkünften eine hohe Sparquote zu erzielen.

Je höher die Sparquote ist, desto stärker kann man in die Zukunft investieren.

Die folgenden Punkte halte ich darüber hinaus für gute Ansatzpunkte, um jungen Menschen dabei zu helfen, Finanzkompetenz zu entwickeln. Sie fußen allerdings auf meiner bzw. auf unserer individuellen Situation als Familie und sind daher nicht für jeden Menschen in jeder Lebenslage passend.

In der **Studentenzeit** gewöhnte ich mir einen sparsamen Lebensstil an – und ich gewann in dieser Zeit bereits die für mich prägende Erkenntnis, dass ein intensives und erfüllendes Leben nicht an materiellen Konsum geknüpft sein muss. Aus der Glücksforschung weiß man, dass ein gewisses Grundeinkommen wichtig ist, um vor finanziellen Sorgen geschützt zu sein. Ein weiterer finanzieller Zuwachs führt dann aber kaum zu noch mehr Zufriedenheit – wenn überhaupt.

Quelle: Alexas_Fotos auf Pixabay (lizenzfrei)

Schon beim Berufseintritt entschied ich mich für eine **Teilzeit-Anstellung** mit 75 Prozent und gleichzeitig für eine hohe Sparquote von meist 20 bis 30 Prozent.

Da ich mehr freie Zeit hatte, brauchte ich auch etwas weniger Geld. Essen konnte ich mir selbst zubereiten, Einkäufe konnte ich gut vorbereiten, um mich vor unnötigen Impulskäufen zu schützen.

Außerdem hatte ich genug Zeit, Preise und Qualität zu vergleichen. Soziale Kontakte konnte ich gut pflegen – und ich verspürte auch nicht den Druck, eine starke berufliche Belastung durch teure Kurzurlaube ausgleichen zu müssen.

Meine **hohe Sparquote** disziplinierte das Ausgabeverhalten und so habe ich mir das weit verbreitete überflüssige Konsumverhalten nie angewöhnt. Gleichzeitig fühlte ich mich ziemlich frei und unabhängig.

Der Konsumverzicht sollte natürlich nicht zwanghaft werden. Das Leben ist etwas Besonderes, da ist es schon wichtig, sich ab und zu etwas gönnen zu dürfen. Für die mir besonders wichtigen Bereiche – wie z. B. Kunst und Kultur –

war ich jederzeit bereit, Geld in die Hand zu nehmen. So bin ich rückblickend sehr froh, auf vielen großen (Rock-)Konzerten und anderen kulturellen Events (Ausstellungen, Theateraufführungen, Lesungen etc.) gewesen zu sein.

Sparpotenzial Reisen

Auch das Reisen ist mir wichtig. Allerdings bevorzuge ich naturnahe Campingurlaube, häufig in der Umgebung, teilweise auch in Österreich, Norditalien, Frankreich und Ungarn.

Dabei galt und gilt immer: Der Weg ist das Ziel. Routen werden in der Regel mit vielen Zwischenetappen geplant, sodass jeder Tag ein Urlaubstag ist – und die Entspannung sofort bei Aufbruch beginnt. Das Dachzelt ist dabei unser ständiger Begleiter seit 1999.

Sparpotenzial Hobbys

Mit kostspieligen Hobbys konnte ich mich nie anfreunden. Radfahren, Schwimmen und Stand-Up-Paddeln im Sommer, Langlaufen im Winter und wandern ganzjährig gibt es fast zum Nulltarif. Schallplatten und CDs lassen sich günstig auf Flohmärkten beschaffen – und dort wird man auch Dinge, die man nicht braucht, gut los. Flohmärkte hatten daher schon seit langer Zeit eine anziehende Wirkung auf mich, zumal auch dort der soziale Kontakt mindestens eine genauso wichtige Rolle spielt wie der Konsum, abgesehen davon, dass eine Weitergabe nicht benötigter Konsumgüter besonders nachhaltig ist.

Sparpotenzial Essen

Statt teuer zum Essen zu gehen, genossen und genießen meine Familie und ich bei schönem Wetter ein Picknick im Freien sowie gemeinsames Brunchen mit Freunden. Wir sparen dabei nicht an der Qualität der Grundnahrungsmittel, die oft auch aus regionalem und biologischem Anbau stammen. Allerdings nutzen wir vor allem saisonale Produkte und wählen in der Regel die günstigere »Bück-Ware« und verzichten weitgehend auf Marken-Produkte.

Quelle: eigene Aufnahmen der letzten Urlaube

Sparpotenzial Verkehrsmittel

Auf Statussymbole verzichte ich gerne, was man auch meinem jeweiligen Auto gut ansehen konnte: 126 Bambino, Citroen 2 CV (Ente), Seat Marbella, Lada Samara, Dacia Sandero und inzwischen ein Dacia Dokker.

Mit Sparpreis-Angeboten lassen sich Fernverbindungen mit Fernbussen oder Bahnen zu günstigen Preisen buchen und Kinder unter 15 Jahren können oft kostenlos mitgenommen werden.

Sparpotenzial Alltags- und Gebrauchsgüter

Nicht nur bei den Nahrungsmitteln, sondern auch bei Kleidung, Elektronik und bei der Wahl des Kraftfahrzeuges lässt sich durch das Umgehen von Markenartikeln eine Menge Geld sparen.

Sparpotenzial Wohnung

Einer der größten Ausgabeposten und somit auch das größte Sparpotenzial ist mit der Auswahl der eigenen Wohnung verbunden. Um einerseits Geld zu sparen, andererseits aber auch sozial in hohem Maße verbunden zu bleiben, wohnte ich auch nach dem Studium noch jahrelang in Wohngemeinschaften. Auch die erste gemeinsame Wohnung, die ich dann nach drei Jahren im Lehrerberuf gemeinsam mit meiner Frau bezog, war mit 48 m^2 nicht sehr groß. Sie hatte aber trotz baulicher Mängel ihren Charme, lag zentral und war von der Miete her sehr günstig. Um mit dem geringen Platz besser auszukommen, half ein Hochbett.

Sparquote in Abhängigkeit der Lebensphase

Die jahrelange, hohe Sparquote ermöglichte es meiner Familie und mir, nach der Geburt der Tochter von der günstigen Mietwohnung direkt in ein einfaches, staatlich gefördertes Reihenhaus zu ziehen, das damals im Jahr 2005 für rund 300.000 Euro zu kaufen war. In den zehn Jahren Berufstätigkeit hatte ich bereits über 70.000 Euro angespart, auch mithilfe von Aktien.

Zusammen mit den Ersparnissen meiner Frau und der Unterstützung meiner Mutter war die damals von der Bank geforderte Eigenkapitalquote von 30

Prozent für uns gut zu erreichen. In den zehn Jahren nach diesem Kauf stockte ich dann meine Arbeitszeit vorübergehend auf 100 Prozent auf. Das Häuschen konnte dadurch mit einer besonders hohen Tilgungsrate von 7 Prozent und der damals noch üppigen Eigenheimzulage bereits nach zwölf Jahren komplett abgezahlt werden. Durch den Wegfall der Tilgung bzw. der Miete konnte ich die Sparquote noch weiter erhöhen – und von nun an floss mit 80 Prozent der Großteil des verfügbaren Kapitals direkt in Aktien. Die restlichen 20 Prozent, die in Form von Cash vorliegen, bilden einen Puffer für Rücklagen.

Nachdem das Haus abgezahlt war, konnten wir beide unsere Arbeitszeit wieder auf ca. 70 Prozent reduzieren – und wir gewannen dadurch etwas zurück, was für uns einen viel höheren Gegenwert als Geld hat, nämlich mehr Zeit für die Familie, mehr Zeit für Freunde und mehr Zeit für uns. Ein weiteres Ziel für mich bestand darin, früher aus dem Lehrerberuf auszuscheiden.

2.3 Wenn der Beruf keine Berufung mehr ist

In den ersten Berufsjahren und später auch bei der Familiengründung waren die Annehmlichkeiten, Vergünstigungen und Sicherheiten, die mit dem Beamtentum verbunden waren, sehr hilfreich. Erst viele Jahre später störten mich die beruflichen Einschränkungen und Gängelungen immer mehr. Manche Bekannte sagten, das ist »Jammern auf hohem Niveau«. Das mag stimmen. Aber man sollte nicht unterschätzen, wie problematisch es werden kann, wenn man sich von Jahr zu Jahr immer weniger mit den übertragenen beruflichen Aufgaben identifizieren kann. Bei mir hatten sich zudem die Rahmenbedingungen stark verändert.

Nicht jeder hat das Glück, langfristig eine Berufung in seinem Beruf zu finden. Bei meiner Frau, die ebenfalls als Lehrerin arbeitet, ist das so. Auch ich empfand den Lehrerjob in den ersten Berufsjahren als sehr erfüllend. Allerdings änderte sich das im Laufe der Zeit. Die Arbeitsbedingungen in meiner Schule verschlechterten sich im Laufe der Jahre drastisch. Die Schule, eine ehemalige Realschule, inzwischen Gemeinschaftsschule, wurde zur Brennpunktschule, nachdem drei angrenzende Hauptschulen und eine »Förderschule« geschlossen wurden. Wir Lehrer konnten den vielen Kindern aus sozial benachteiligten Verhältnissen überhaupt nicht mehr gerecht werden. Die Klassen waren groß, das Gebäude aus den 1960er-Jahren baufällig und heruntergekommen. Die Räume heizten sich im Sommer massiv auf, Dämmung und funktionierende Rollos gab es nicht. Rückblickend macht es mich traurig, dass ein reiches Industrieland den Betrieb einer solchen Schule überhaupt zulässt! Pädagogisch fühlte ich mich aufgrund meiner Zusatzqualifikationen zwar kompetent, als Fortbildner für Lehrkräfte war ich im Bereich Classroom Management tätig und hatte oft auch einen guten Draht zu den Kindern, deren Eltern und dem Schulpersonal. Trotzdem kam ich immer häufiger an meine Belastungsgrenzen.

Die Konflikte zwischen den Kindern nahmen zu und wurden immer aggressiver ausgetragen. Es war dann kaum noch möglich, die Probleme aus dem Schulalltag nicht mit nach Hause zu nehmen. Die zunehmende psychische Belastung, der Lärm, der Personalmangel, der zu zahlreichen Mehrarbeitsstunden und Parallel-Aufsichten führte, war für mich wie auch für viele andere aus der Schulgemeinschaft kaum noch zu ertragen. Nachmittags zwei Klassen mit 55 pubertierenden Jugendlichen in zwei Räumen parallel naturwissenschaftlich unterrichten zu müssen, das war für mich keine Ausnahme mehr, sondern es wurde zur Regel. Da ich mit Physik ein sogenanntes Mangelfach unterrichtete, durfte ich mich als Beamter nicht von meiner Schule weg versetzen lassen. Selbst meine Abordnung als Dozent an die Hochschule konnte wegen des Lehrkräftemangels nicht mehr verlängert werden. Ich hätte nach der jahrelangen, erfolgreichen und erfüllenden Abordnung wieder an die Schule zurückkehren müssen. Und so reifte mein Wunsch, vorzeitig aus dem Lehrerberuf auszuscheiden.

Dank der Zusatzqualifikationen hatte ich schon seit geraumer Zeit einen Austritt aus dem engen Korsett des Beamtentums und den Beginn der Freiberuflichkeit im Hinterkopf. Grundlage dafür war eine Erkenntnis, die sich durch das ganze Leben zog: Zeit ist viel wichtiger als Geld und Luxus. Anders betrachtet liegt der wahre Luxus darin, Zeit zu haben für das, was einem wichtig ist.

Nach Beates Tod war ich eine der vierzehn Personen, die im Nachlass bedacht wurden. Ich wurde dadurch zwar nicht zum Millionär, hatte aber ungefähr so viel geerbt, wie ich benötige, um die finanzielle Lücke zu schließen, die sich durch den vorzeitigen Dienstaustritt ergab. Danach zögerte ich keine Sekunde und setzte sofort das Kündigungsschreiben an meinen Chef auf. Das war vor einem Jahr.

Eine immense Last fiel danach von mir ab. Seither genieße ich meine neu gewonnene Unabhängigkeit und die Freiheit. Obwohl sich meine Arbeitszeit dadurch nicht reduziert hat, empfinde ich die Freiberuflichkeit als viel anregender als das Beamtendasein, weil ich nun selbstbestimmt entscheiden kann, was ich wann zu tun habe.

Auch ohne die Erbschaft hätte ich den Ausbruch aus dem Hamsterrad wagen können, weil ich mir bereits zuvor über Jahre Rücklagen aufgebaut hatte. Ich bin mir inzwischen sicher, dass ich den ungeliebten Job auch ohne Erbschaft gekündigt hätte. Übergangsweise hätte ich dann aber erst noch nach einer beruflichen Anstellung gesucht, bevor ich den Schritt in die Selbstständigkeit gewagt hätte.

Finanzielle Rücklagen bedeuten für mich in erster Linie nicht Luxus, sondern sie geben mir Freiheit. Mit Freiheit wiederum verbinde ich die Möglichkeit, das zu tun, was ich für wichtig halte, und genug Zeit für meine Familie, meine Freunde und für mich selbst zu haben.

2.4 Work-Life-Balance und sanfter Frugalismus

Jeder Mensch, der Geld anlegt, findet andere Motive für sein Investment, und es lohnt sich durchaus, darüber genauer nachzudenken, um die Motivation auch in den unvermeidbaren schwierigen Zeiten aufrechtzuerhalten und die Sparquote hochzuhalten.

Für mich war es eine **Vielzahl von Gründen, die mich schon frühzeitig zum Investieren brachte**:

- berufliche Freiheit, Möglichkeit der Selbstständigkeit, Weiterbildung
- berufliche Auszeit, Sabbatical, vorzeitiger Berufsaustritt
- Ausbildung der Kinder
- sorgenloser Ruhestand, Schließen der Rentenlücke

Anderen Menschen wären vielleicht Luxusgüter wie ein tolles Auto, wertvoller Schmuck etc. wichtiger, und das will ich auch gar nicht werten. Allerdings war und ist mein Grundansatz mit einer bescheidenen Lebensweise gut vereinbar.

Einen sparsamen Lebensstil mit klar definierter Ausgabenkontrolle beschreibt man heutzutage mit dem Begriff »Frugalismus«. Frugal zu leben, bedeutet für mich nicht Verzicht, sondern vielmehr Freiheit, freie Zeit, Nachhaltigkeit und Unabhängigkeit.

Denn dieser »Verzicht« ist nicht erzwungen, sondern selbstgewählt – und von meiner Wahrnehmung her ein Ausbruch aus den Verlockungen der Konsumgesellschaft, der sich richtig gut anfühlt. Mein Sparwille hat auch nie verhindert, dass ich mir bzw. wir uns auch ab und zu mal etwas Kostspieliges leisteten – und das auch konnten. Aber kostspielige Unternehmungen sind immer etwas Besonderes und werden nicht zur Gewohnheit.

Aus der **Glücksforschung** weiß man, dass das Erleben von Glück und Zufriedenheit nur bedingt mit den finanziellen Grundlagen zusammenhängt. Ab einem Netto-Einkommen von ca. 2500 bis 3000 Euro steigt die Zufriedenheit kaum noch an, wenn die Einkünfte weiter steigen.

So gesehen ist es ideal, wenn man sich zum Mittelstand bzw. zum gehobenen Mittelstand zählen darf. In einer Partnerschaft kommen zudem noch Synergieeffekte zum Tragen: Die Wohnungsmiete kann gemeinsam bezahlt werden, Haushaltsgeräte müssen nicht doppelt angeschafft werden. Auch das senkt die Kosten.

So steuert auch meine Frau ein zusätzliches Einkommen bei, ansonsten wäre die Sparquote und die hohe Sondertilgung nicht gleichzeitig möglich gewesen.

Statistisch gesehen gehören meine Frau und ich zur Mittelschicht – und daran hat die Erbschaft nicht viel geändert, da dieses Erbe vor allem die Finanzierungslücke schließt, die durch meinen Austritt aus dem Beamtenverhältnis verbunden ist. Ohne diese Erbschaft hätte mein Plan für die nächsten Jahre etwas anders ausgesehen.

Die Arbeitszeit im Lehrerberuf hätte ich schrittweise reduziert – und im Gegenzug die Nebentätigkeiten im Rahmen der gesetzlichen Möglichkeiten ausgeweitet. Leider sind die Richtlinien dazu sehr streng.

Quelle: Gerd Altmann auf Pixabay (lizenzfrei)

Wenn man früh genug damit anfängt, Geld zur Seite zu legen und sinnvoll anzulegen, kann man früher aus dem Hamsterrad der Arbeit entfliehen. Das ist vor allem für diejenigen verlockend, die noch nicht in den Genuss gekommen sind, selbstbestimmt zu arbeiten, sondern sich als Angestellte oder Beamte einem hierarchischen System unterordnen müssen.

Mein Ziel ist es dabei nicht, als Privatier ausschließlich von den Ersparnissen zu leben, sondern freiberuflich den Tätigkeiten nachzugehen, die ich für sinnvoll und erfüllend halte.

Nach meinen Berechnungen hätte ich die »Einkommens- und Renten-Lücke« durch das angesparte Aktienvermögen auch ohne Erbe in weniger als zehn Jahren schließen können. Das ging nun etwas schneller, wobei ich gerne betone, dass Beate so vorausschauend war, ihr Erbe auf eine größere Anzahl an Personen zu verteilen, wohlwissend, dass zu viel Vermögen auf einmal einen negativen Einfluss auf die Persönlichkeit haben kann sowie träge und unzufrieden macht.

Mein Vater war, was die Lebensplanung angeht, auch ein gutes Vorbild für mich. Er hatte sich ebenfalls etwas früher aus dem Berufsleben verabschiedet und trat mit 63 Jahren in den Vorruhestand ein. Das gab ihm die Möglichkeit, sein Leben als Pensionär noch über einen Zeitraum von rund 20 Jahren genießen zu können. Als er danach schwer erkrankte, begleitete ich ihn in seiner letzten Lebensphase, da ich ihn in unmittelbarer Nachbarschaft in einem Mehrgenerationenhaus anmeldete. So konnte ich ihn häufig besuchen.

Während meiner Zivildienstzeit in den Jahren 1989 und 1990 in der Neurologie-Station im Krankenhaus hatte ich schon in jungen Jahren intensiven Kontakt mit schwerkranken Menschen gehabt. In dieser Zeit hatte ich mich intensiv mit den grundsätzlichen Fragen über das Leben und den Tod auseinandergesetzt. Die Station versorgte damals schwerpunktmäßig Menschen mit ALS (Amyotrophe Lateralsklerose) und AIDS. Die Krankheits-Verläufe waren damals oft tödlich und so verstarben einige der mir lieb gewonnenen Patienten mitunter sehr schnell.

Diese Erfahrungen bestärkten mich sehr nachhaltig darin, das Leben intensiv zu leben und einen eigenen Plan zu entwickeln. Dieser Plan besteht auch darin, dem Beruf und der Arbeitszeit nicht zu viel Gewicht zu verleihen, sondern auf eine ausgewogene Mischung aus Freizeit, sozialer Zeit in der Gemeinschaft bzw. im Kreis der Freunde und Familie sowie der freien Zeit zu achten.

Mit Interesse verfolge ich inzwischen auch die FIRE-Bewegung. **FIRE** steht hier für »**F**inancial **I**ndependence – **R**etire **E**arly«, was so viel bedeutet wie »finanzielle Unabhängigkeit – früher in Rente«.

Aus zahlreichen Gesprächen gewinne ich zunehmend den Eindruck, dass die klassische Trennung von Berufsleben und Ruhestand so nicht mehr zeitgemäß ist. Der Trend geht vielmehr in Richtung eines fließenden Überganges. Außerdem wird vielen Arbeitnehmern im Laufe des Berufslebens immer wichtiger, dass sie die Arbeitsbedingungen als weniger belastend empfinden und dass sie bei der Arbeit ein höheres Maß an Selbstbestimmung haben.

Wenn jeder sein ganzes Leben aus der Zukunft rückblickend betrachten könnte, wären sicherlich noch viel mehr Menschen dazu bereit, diesen Ausbruch aus dem Hamsterrad vorzunehmen und nicht Jahre der kostbaren Lebenszeit dafür zu opfern, einer Tätigkeit nachzugehen, die sie belastet oder gar krank macht.

Quelle: dietcheese auf Pixabay (lizenzfrei)

2.5 Meine Finanzplanung nach Lebensdekaden

Alter	Zeit-raum	Lebensphase, Plan	Einnahmen pro Monat* (*inflationsbereinigt, umgerechnet in Preise vom 01.02.2022)	Ausgaben pro Monat* (*inflationsbereinigt, umgerechnet in Preise vom 01.02.2022)	Sparquote
0-25	Vor 1995	Kindheit, Jugend und Adoleszenz	Bis **1000 Euro** (Taschengeld, Ferienjobs, Zivildienst)	Bis **900 Euro** (längerfristiges Ansparen auf erste größere Anschaffungen, z. B. Auto)	**10 Prozent** (Durchschnitt)
25-35	1995-2005	Beginn der Berufstätigkeit als Lehrer für Wirtschaftslehre etc., frugaler Lebensstil, Hochzeit	Lehrergehalt, netto ca. **2500 Euro**	**1700 Euro** (Warm-Miete in WG, gemeinsamer 2-Zi-Wohnung 500 Euro) Versicherungen 400 Euro, Kultur und Freizeit, Rücklagen für Auto etc. 400 Euro, Nahrungsmittel 400)	**32 Prozent** Beginn des Aktienhandels
35-45	2005-2015	Familiengründung	Lehrergehalt, netto ca. **3000 Euro**	**1800 Euro** (Versicherungen 500 Euro, Kultur und Freizeit, Renovierung, Rücklagen 400 Euro, Nahrungsmittel 500 Euro, Kinder 400 Euro)	**40 Prozent** für Tilgung und Sondertilgung
45-50	2015-2020	Berufliche Neuorientierung, Lehrauftrag an der Pädagogischen Hochschule	Lehrergehalt, netto ca. **2700 Euro** (Teilzeit)	**1900 Euro** (Versicherungen 550 Euro, Kultur und Freizeit, Renovierung, Rücklagen 400 Euro, Nahrungsmittel 500 Euro, Kinder 450 Euro	**30 Prozent** ausschließlich in Aktien und ETFs
51-60	2021-2030	Beginn der Freiberuflichkeit in Teilzeit	Netto **2700 Euro** (Verlagseinnahmen 800 Euro, Hochschulen 1200 Euro, Privatunterricht 700 Euro)	**2700 Euro** (Versicherungen 1100 Euro, Kultur, Freizeit, Rücklagen 500 Euro, Nahrungsmittel 500 Euro, Kinder 600 Euro	**0 Prozent**
60-67	2030-2037	Gleitender Übergang von der Berufstätigkeit in den Ruhestand	Netto **2700 Euro** (Verlagseinnahmen 500 Euro, Hochschulen 1100 Euro, Privatunterricht 600 Euro, Dividenden 500 Euro	**2700 Euro** (Versicherungen 1200 Euro, Kultur, Freizeit, Renovierung, Rücklagen 500 Euro, Nahrungsmittel 500 Euro, Kinder 500 Euro	**Negativ*** Dividenden-Entnahme aus dem Depot
Ü 67	ab 2037	Behaglichkeit im Alter, Nachlass-Regulierung	Netto **2700 Euro** (Rente ca. 1800 Euro, Verlagseinnahmen ca. 300 Euro Dividenden: ca. 600 Euro)	**3000 Euro** Kultur, Freizeit, bauliche Maßnahmen für altersgerechtes Wohnen, …	**Negativ*** Dividenden und Entnahme aus dem Depot. Eventuell Leibrente oder Umkehrhypothek

*Der Plan, das Depot im Ruhestand etwas abzubauen, folgt ein Stück weit dem Gedanken von Bill Perkins – Autor des Buches »Die with Zero« (Deutsch: »Lebe ein reiches Leben, statt reich zu sterben«), auch wenn ich nicht mit 0 Euro sterben, sondern das Depot nur moderat reduzieren möchte.

2.6 Die Finanzkompetenz von Kindern stärken

Aus meiner eigenen Erfahrung weiß ich, wie wenig die Schule auf die wirklich entscheidenden Dinge des Lebens vorbereitet. Als Lehrer sah ich mich daher immer wieder gezwungen, von den Lehrplanvorgaben abzuweichen, um den Alltagskompetenzen mehr Raum zu geben.

Wenn es um finanzielle und wirtschaftliche Aspekte geht, sind die Wissenslücken vieler Kinder und Jugendlichen eklatant. Der Umfang des Wirtschaftslehreunterrichts an den Regelschulen ist sehr gering und keinesfalls ausreichend, um hier entsprechend gegenwirken zu können.

Quelle: karosieben auf Pixabay (lizenzfrei)

Wenn man Kinder und Jugendliche fragt, ob sie lieber heute 10 Euro oder in zwei Wochen 12 Euro nehmen würden, wenn sie die Wahl hätten, entscheidet sich die Mehrzahl für den geringeren Betrag, den sie dafür sofort bekommen. Dies wurde wissenschaftlich von Herrn Matthias Sutter untersucht (vgl. dazu Matthias Sutter in »Die Entdeckung der Geduld – Ausdauer schlägt Talent, ecoWIN-Verlag, Salzburg 2014).

In seiner Untersuchung zeigt Sutter, dass es einen Zusammenhang zwischen der Antwort auf diese Frage und dem späteren beruflichen und finanziellen Erfolg gibt. Darüber hinaus zeigt sich auch, dass die Mehrzahl derjenigen, die lieber jetzt weniger als etwas später mehr haben wollen, aus sozial schwächeren Verhältnissen stammen.

Die Schule sollte hier ansetzen, solche Verhaltensmuster zu thematisieren, nicht nur, um finanzielle Kompetenzen zu vermitteln, sondern auch, um soziale Ungerechtigkeiten abzubauen.

Kinder und Jugendliche sind es heute mehr denn je gewohnt, viele materiellen Wünsche schnell befriedigt zu bekommen. Ein ganz wichtiger Ansatzpunkt für finanzielle Bildung liegt demnach in der Beharrlichkeit begründet. Schon von früher Kindheit an sollten Kinder lernen, dass es sich lohnt, wenn man abwarten kann.

- Besonders wichtig ist es, dass nicht alle materiellen Wünsche sofort erfüllt werden. Es ist zwar zunächst viel anstrengender, konsequent zu bleiben und nicht bei jedem »Gequengel« nachzugeben. Aber langfristig ist eine solche **beharrliche Erziehung** immens wichtig und hilfreich.
- Eine Möglichkeit, Beharrlichkeit zu fördern, besteht darin, dem Kind statt Bargeld in einem kleinen Umfang **Aktien von einem Unternehmen** zu schenken, dessen Produkte zum Lebensalltag gehören und die der Nachwuchs kennt, mag und versteht. Die Aktien können von einem Unternehmen sein, dessen Auto man fährt, oder die das Fernsehgerät, das Handy, den Fußball, die Freizeitklamotten, die Spielfilme oder die Nahrungsmittel repräsentieren, die im Leben des Kindes eine gewisse Rolle spielen.
- Bei besonderen Kaufwünschen, z. B. das eigene Fahrrad oder Handy, kann Ihr Kind einen Teil der Aktien bei Ihnen einlösen. Geschieht dies in einem Crash, kann man darüber sprechen, dass das aktuelle Einlösen nicht günstig ist. Langfristig wird verdeutlicht, wie gewinnbringend Aktien sein können, wenn man sie lange genug hält. Es stellt sich die Frage: Soll ich mich nun überhaupt von dieser Aktie trennen, zumal die Dividende hoch ist?
- Ein wichtiger Aspekt bei der Erziehung zur Finanzkompetenz stellt auch die Eigenschaft, **verzichten** zu können, dar. Dies wird in einer nach Nachhaltigkeit strebenden Welt eine Schlüsselfunktion einnehmen. Professionelle Werbung versucht, mit allen Mitteln Konsumwünsche zu erwecken. Viele Menschen werden dadurch unbewusst manipuliert. Wenn wir unseren Kindern zeigen und vorleben, dass wir auch ohne materiellen Konsum ein schönes Miteinander organisieren können, ist das in mehrfacher Hinsicht wichtig.
- Wer gut mit Geld umgeht, schützt sich mit Einkaufszetteln vor **Impulskäufen.** Außerdem ist die betreffende Person dann sensibilisiert, um nicht abgezockt

zu werden, z. B. wenn es um Finanzierungsangebote geht. Das scheinbar kostenlose Handy für nur 1 Euro kostet im Paket insgesamt doch viel mehr, nämlich 1080 Euro, wenn man die monatlichen Zahlungen von je 44,99 Euro und die 24-monatige Laufzeit einrechnet.

- Außerdem sollten Kinder und Jugendliche über die Mechanismen von »**sozialem Konsumdruck**« aufgeklärt werden, um sich z. B. dem Zwang, teure Markenklamotten tragen zu müssen, besser widersetzen zu können.
- Darüber hinaus halte ich es für sinnvoll, die Kinder zunehmend in **finanzielle Planungen** zur Familienkasse miteinzubeziehen, z. B. wenn es um die Priorisierungen der Urlaubsplanung in Abgleich mit anderen Kaufwünschen geht.
- Zum Kennenlernen der »Welt der Aktien« eignet sich für Jugendliche **ein kostenloses Musterdepot**, das sie anlegen und in dem sie die Anlage in Aktien unter Realbedingungen üben können (z. B. bei onvista.de).
- Schließlich halte ich es gerade auch für Jugendliche für sinnvoll, **verschiedene Lebensentwürfe in finanzieller Hinsicht** durchzurechnen. Dabei können unterschiedliche Szenarien (verschiedene Berufe, Lebenssituationen etc.) berechnet werden. Besonders interessant könnte es werden, wenn man ermittelt, wie viel sich langfristig durch eine entsprechende Sparquote und renditestarke Anlageformen ansparen lässt.

Kapitel 3
Warum sind Aktien alternativlos?

Auf den ersten Blick scheint es zahlreiche Alternativen zu Aktien zu geben. Daher lohnt sich hier eine nähere Betrachtung.

3.1 Sparbuch

Das Sparbuch, das diesen Namen verdient, gibt es schon lange nicht mehr. Wenn es überhaupt noch Zinsen abwirft, so reichen diese nicht aus, um die Inflation (Teuerungsrate) auszugleichen. Sparbücher sind daher ein langsamer, aber sicherer Weg, um das eigene Kapital langfristig zu vernichten.

3.2 Gold und Edelmetalle

Anlagen in Gold und Edelmetalle sind mit hohen Gebühren verbunden – für den Erwerb bis hin zur Lagerung. Ähnlich wie Aktien sind sie hohen Wertschwankungen unterworfen, man sieht es ihnen nur nicht an!

So macht es vom Gefühl her einen beträchtlichen Unterschied, ob man den Goldbarren, den man besitzt, ständig in unveränderter Größe und Pracht sehen und anfassen kann, unabhängig davon, ob der Goldpreis stark steigt oder stark fällt. Hier gibt es also einen psychologischen Vorteil, der für einen höheren Edelmetallanteil sprechen kann.

Edelmetalle strahlen ein höheres Maß an Sicherheit aus – gerade für Leute, die große Angst vor materiellen Totalverlusten haben. Von der Rendite her können sie langfristig betrachtet jedoch nicht mit Aktien konkurrieren.

Man kann aber auch beides kombinieren, indem man Aktien oder ETFs von Gesellschaften ordert, die im Rohstoffbereich (Abbau oder Rohstoff-Veredelung) tätig sind.

Ein ETF (Exchange Traded Fund = börsengehandelter Fonds) ist ein Korb voller Aktien. Es gibt ETFs für die verschiedensten Branchen und Regionen, darunter auch breit aufgestellte ETFs, in denen solche Unternehmen zusammengefasst werden, die im Bereich Rohstoffabbau und / oder Rohstoffveredelung tätig sind. Im Kapitel 7 gehe ich darauf konkret ein.

Darüber hinaus lassen sich Rohstoffe auch als ETC (Exchange Traded Commodities = börsengehandelte Rohstoffe) ins Depot bringen. Allerdings sollte man sich bei ETCs gut über die Kosten informieren. Im Gegensatz zu ETFs gelten ETCs nicht als geschütztes Sondervermögen, ein Verlustrisiko bei einer Pleite des Emittenten ist also nicht ganz auszuschließen.

3.3 Immobilien

Immobilien sind für viele Menschen unerschwinglich geworden. Andererseits genießen sie in Zeiten starker Preisschwankungen und Risiken einen guten Ruf und punkten mit Wertbeständigkeit und zuletzt auch mit teilweise deutlichen Wertsteigerungen, sie werden daher auch als »Beton-Gold« bezeichnet.

Trotz der langfristig geringeren Rendite im Vergleich zu Aktien und ETFs halte auch ich Immobilien für eine gute Ergänzung, vor allem für Menschen, die mit der Finanzierung frühzeitig starten und die Immobilie auch selbst nutzen und sich dadurch langfristig Mietkosten sparen. Das hängt aber sehr stark von der persönlichen Lebensplanung, den persönlichen Gegebenheiten und der Region ab, in der man wohnt.

Wer eine Immobilie zur Fremdvermietung nutzen will, sollte sich über die weitreichenden staatlichen Anforderungen im Klaren sein, die Mieteinnahmen müssen abzüglich der Kosten versteuert werden, die Auflagen für Wärmeschutz, Feuerschutz und Energieeffizienz erscheinen in einigen Punkten vielleicht sinnvoll, beschneiden die Rendite jedoch enorm. Außerdem unterliegen auch Immobilien langfristigen Wertschwankungen. Daher sollten die Renditemöglichkeiten hier nicht überschätzt werden.

An der Rendite von Immobilien kann man als Aktionär auch indirekt teilhaben, ohne selbst eine Immobilie zu besitzen und sich um die ganzen Auflagen kümmern zu müssen. Dazu kauft man dann Aktien von sogenannten **REITs** (**R**eal **E**state **I**nvestment **T**rusts, übersetzt: Immobilien-Investment-Fonds), die oft hohe Dividenden abwerfen. Dabei kann man dann selbst wählen, inwieweit man gewerbliche Immobilien mit einbezieht bzw. bevorzugt. Das Tolle an REITs ist, dass sie (in Deutschland) 90 Prozent ihrer jährlichen Gewinne direkt an die Aktionäre ausschütten müssen. So lassen sich die hohen Dividendenrenditen von teilweise mehr als 5 Prozent im Jahr erklären.

Weitere REIT-Kriterien (in Deutschland) sind eine Eigenkapitalquote von mindestens 45 Prozent und eine steuerliche Bevorzugung: REITs müssen (in Deutschland) keine Körperschaftssteuer und keine Gewerbesteuer bezahlen. Die Dividenden-Gewinne müssen allerdings versteuert werden (mit der Kapitalertragssteuer). In Deutschland gibt es (Stand 2022) lediglich fünf **REITs**:

- Alstria (MDAX)
- Hamborner (SDAX)
- Fair Value
- Deutsche Konsum
- Deutsche Industrie

Von diesen Titeln sind die Alstria REIT und Hamborner in meinem Depot vertreten.

Noch breiter im Immobiliensektor aufgestellt ist man mit dem passenden ETF, der viele Immobilien / REIT-Aktien enthält, wie z. B. der **SPDR Dow Jones Global Real Estate UCITS ETF**, WKN A1J3PB, mit einer jährlichen Gebühr (TER) von 0,4 Prozent.

3.4 Staatsanleihen

Warum soll ich mein Geld nicht an einen Staat ausleihen, wenn dieser nicht bankrottgehen kann? Zum einen sind manche Staaten inzwischen derart hoch verschuldet, dass ein Staatsbankrott nicht mehr kategorisch ausgeschlossen werden kann und zum anderen sind die erzielbaren Renditen trotzdem sehr bescheiden. Das gilt auch für die sogenannten Eurobonds, mit denen z. B. EU-Staaten gemeinsam Schulden am Kapitalmarkt aufnehmen.

3.5 Unternehmensanleihen

Im Gegensatz zu Aktien ist der Geldgeber hier nicht an den Gewinnen des Unternehmens beteiligt, sondern er erhält für den gewährten Kredit einen vorher festgelegten Zinssatz, der oft nicht einmal ausreicht, um die Inflation auszugleichen. Zusätzlich trägt der Kreditgeber das Risiko, dass im Falle einer Insolvenz (Firmenpleite) zumindest ein Teil des verliehenen Geldes futsch ist.

Abgesehen vom Insolvenz-Risiko bringt eine solche Anleihe jedoch eine gewisse Planungssicherheit. Bei einem Verkauf vor Fälligkeit besteht allerdings ein gewisses Kursrisiko. Vom Unternehmen vorzeitig eine Rückzahlung des via Anleihe gegebenen Kredits zu fordern, ist nicht möglich.

3.6 Mischfonds

Bei Mischfonds wird das Kapital in Aktien, Unternehmensanleihen, Rentenanleihen, teilweise auch in Staatsanleihen, Immobilien und Rohstoffen investiert. Daraus resultiert meist eine niedrigere Rendite als bei einer reinen Aktienanlage, aber es ergibt sich auch ein etwas geringeres Risiko. Solche Mischfonds halte ich bei einer mittelfristigen Anlagedauer mit einem zeitlichen Horizont von drei bis fünf Jahren durchaus für sinnvoll.

Mischfonds werden gerne von Banken und Versicherungen angeboten. Dafür muss man dafür dann meist relativ hohe Kaufentgelte (z. B. einen sogenannten Ausgabeaufschlag von bis zu 5 Prozent des Investments) zahlen. Hinzu kommen dann noch jährliche Gebühren von ca. 1 bis 2 Prozent. Ein Blick auf das Kleingedruckte und ein Vergleich mehrerer Angebote ist hier unbedingt zu empfehlen, wie folgende exemplarische Auswahl zeigt.

Exemplarische Auswahl einiger Mischfonds

Name	WKN	Ausgabe-aufschlag	Jährliche Gebühren TER	Kurs* 04.02.2022	1-, 3-, 5-Jahres-Performance
DWS Concept Kaldemorgen	DWSK00	**5 %**	1,53 %	159,20 €	+5, +15, +16 %
Adelca Invest – GI Multi	A0M6JK	**5 %**	1,08 %	441,00 €	+7, +28, +85 %
DWS Dynamic ESG, Aktienanteil 60%	984807	**0 %**	0,84 %	57,60 €	+10, +36, +44 %
Xtrackers Portfolio ETF	DBX0BT	**0 %**	0,70 %	270,40 €	+6, + 29, +34 %

*Quelle: www.finanzen.net, alle Angaben ohne Gewähr

3.7 Wandelanleihen

Die Unternehmen bieten bei diesen Wertpapieren eine festverzinsliche Anleihe zu einem geringen Zins an, lassen dem Investor aber am Ende der Laufzeit die Wahl zwischen der Rückzahlung des anfangs investierten Nominalwerts oder einer Rückzahlung einer von vornherein festgelegten Zahl von Aktien (was sich dann lohnt, wenn der Aktienkurs zwischenzeitlich entsprechend gestiegen ist). Wer die Wertentwicklung von Wandelanleihen verfolgt, wird feststellen, dass diese dem Kuranstieg der Aktie folgen, allerdings mit einem Abschlag. Bei Kursrücksetzern verliert der Anleger dadurch weniger als bei einer gewöhnlichen Aktienanlage, denn er hat ja die Rückzahlung des Nominalwerts als Sicherheit.

Diese Sicherheit bieten Wandelanleihen-ETFs jedoch nicht unbedingt. Das machen Kurseinbrüche im Corona-Crash im März 2020 und Rücksetzer infolge von Russlands Einmarsch in der Ukraine im Februar 2022 deutlich. Demonstrieren lässt sich das beispielsweise am Kursverlauf eines Wandelanleihe-ETFs.

Exemplarisches Beispiel eines Wandelanleihe-ETFs

Wandel-Anleihen-ETF	WKN	TER	Kurs 11.03.2022	1-, 3-, 5-Jahres-Performance
SPDR Refinitiv Global Convertible Bond	A12CZS	0,50 %	40,51 €	**-14**, +29, +40 %

3.8 Kryptowährungen

Die Blockchain-Technologie hat in den letzten Jahren eine so starke Dynamik entwickelt, dass ich dies nicht unberücksichtigt lassen kann.

Eine Fundamentanalyse ist bei »Kryptos« allerdings nicht bzw. nur sehr bedingt möglich. Es gibt viele gute Gründe, darunter auch die noch breitere Streuung und die zunehmende Akzeptanz in weiten Teilen der westlichen Welt, andererseits gibt es hier keinen klassischen Buchwert wie beispielsweise bei Value-Aktien. Meine persönliche Abwägung aller Argumente dafür und dagegen hat bei mir dazu geführt, dass ich mich nur für eine kleine Beimischung von Kryptowährungen in mein Depot entschieden habe. Einen Anteil von 1 bis 2 Prozent im Gesamtdepot halte ich persönlich für angemessen, zumal ich ansonsten innerhalb meiner Auswahl an Aktien und ETFs nicht sehr spekulativ ausgerichtet bin, wie ich später noch begründen werde. Bei der Auswahl habe ich mich lediglich auf die beiden größten Kryptos Ethereum (zwei Drittel) und Bitcoin (ein Drittel) beschränkt und diese in kleinen Anteilen über einen Neobroker direkt in das Aktiendepot integriert.

Quelle: WorldSpectrum auf Pixabay (lizenzfrei)

Name	Ausgabeaufschlag / Spread*	Kurs 04.02.2022*	1-, 3-Jahres-Performance
Ethereum	ca. 1,8 %	2.620 €	+83, +2385 %
Bitcoin	ca. 1,8 %	36.010 €	+13, +1125 %

* Alle Angaben ohne Gewähr. Quelle: www.finanzen.net, der Spread beruht auf dem Erfahrungswert mit besagtem Neobroker

Als Anleger hat man darüber hinaus auch die Möglichkeit, Aktien der US-amerikanischen Krypto-Handelsplattform Coinbase (WKN A2QP7J) zu ordern. Auch diese Aktien sind sehr volatil und haben bis Anfang 2022, neun Monate nach dem ersten Börsengang (IPO), fast ein Drittel ihres Kurswertes eingebüßt.

3.9 Schleichende Kapitalvernichtung

Mit der Geldanlage in Aktien verbinden viele Menschen die Angst vor Verlusten. Langfristig gesehen ist das Quatsch, psychologisch gesehen ist es allerdings nachvollziehbar. Man sollte sich die Frage umgekehrt stellen: Wie riskant ist es, nicht in Aktien zu investieren und das Geld auf dem Girokonto oder dem Sparbuch herumliegen zu lassen?

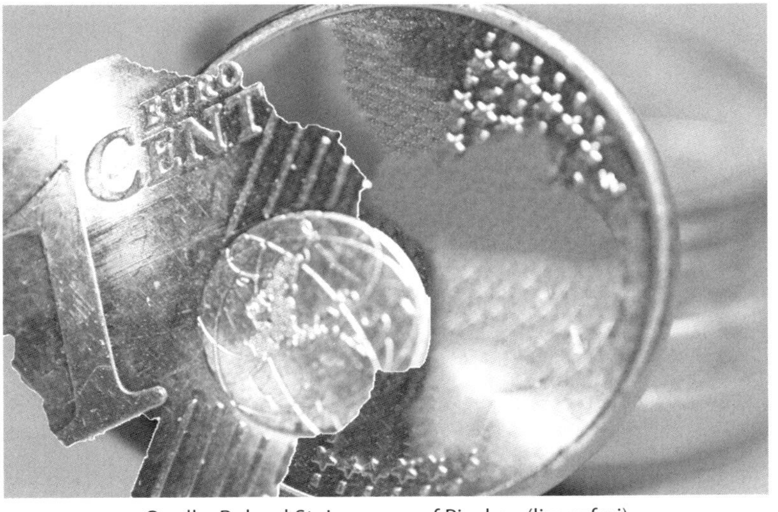

Quelle: Roland Steinmann auf Pixabay (lizenzfrei)

Dazu ein kleines Rechenbeispiel: Wie viel bleibt von 100.000 Euro übrig, wenn ich es zinslos herumliegen lasse und die Geldentwertung im langfristigen Durchschnitt bei **3 Prozent** liegt? Hier das Ergebnis:

Zeitraum in Jahren	Kaufkraft des Kapitals in €
0	100.000
1	97.000
2	94.090
3	91.267
4	88.529
5	85.873
...	...
10	73.742
15	63.325
20	52.748

Tabelle: eigene Berechnungen

Bei einer Preissteigerung von jährlich 3 Prozent halbiert sich das Vermögen nahezu! Das kommt einer schleichenden Kapitalvernichtung gleich.

Es gibt zwar eine große Auswahl an Möglichkeiten zur Geldanlage. Dabei gilt es, immer die individuelle Situation zu beleuchten. So kann in manchen Fällen eine selbstfinanzierte Immobilie sinnvoller sein. Andere schätzen ein Investment in Rohstoffe. Für mich gilt allerdings, dass langfristig eine Investition in Aktien (direkt oder indirekt über ETFs und Fonds) alternativlos ist, wenn ich eine deutlich höhere Rendite erzielen will als den Inflationsausgleich.

Die zusätzliche Rendite gibt es allerdings nicht einfach so geschenkt. Beate sagte immer: »Die Börse ist kein Ponyhof!« Ja, sie hat recht, und wer den ersten Kursrückgang erlebt, wird sich vielleicht fragen, ob es sich lohnt, wegen der Rendite das Risiko einzugehen. Die Frage muss man sich in der Tat stellen – und dann kann man im nächsten Schritt entscheiden, mit welchem Prozentsatz man startet. Ich halte es dabei für eine gute Idee, »klein« anzufangen, um sich nicht zu überfordern.

3.10 Vergleich der Assetklassen

Die Vor- und Nachteile der jeweiligen Assetklasse fasse ich nun in der folgenden Tabelle kurz zusammen.

Assetklasse	Rendite, langfristig	Risiko	Liquidität	Bemerkungen
Sparkonto	↓	↘	↑	Risiko der schleichenden Wertvernichtung »Strafzinsen«
Festgeld	↓	↘	↓	Sehr unflexibel
Staatsanleihen	↘	↘	→	Bei hoch verschuldeten Staaten teilweise höhere Rendite bei entsprechendem Risiko
Unternehmensanleihen	→	↘	→	Hoch verschuldete Unternehmen zahlen oft höhere Zinsen
Immobilien	↗	→	↓	Sehr zeitaufwendig, Gefahr des Wertverlustes wird oft unterschätzt
Rohstoffe, z. B. Gold	→	→	→	Die Volatilität, z. B. von Gold, wird oft nicht gesehen
Krypto	?	↓	↗	Starke Volatilität, kaum analysierbar
Mischfonds	↗	↗	↗	Aktiv gemanagt, daher meist Ausgabeaufschlag und laufende Kosten

Assetklasse	Rendite, langfristig	Risiko	Liquidität	Bemerkungen
Aktienfonds	↗	→	↗	Aktiv gemanagt, daher meist Ausgabeaufschlag und relativ hohe laufende Kosten
ETFs	↑	→	↑	Passiv gemanagt, daher geringe Kosten, die Performance ist in vielen Fällen vergleichbar mit Aktienfonds, oft sogar etwas besser
Aktien	↑	↘	↑	Starke Schwankungen einzelner Aktien, breite Streuung wichtig

Kapitel 4
Aktien kaufen mit Plan

Es sind zwar schon unzählige Bücher zu diesem Thema geschrieben worden. Aber in vielen Fällen werden durch falsche Versprechungen unrealistische Erwartungen geweckt und manchmal wird dem Kleinanleger die Freude am Investieren durch akribisch detaillierte und zeitaufwendige Analyse-Methoden genommen.

Ausgehend von der Expertise, die Beate Sander in Jahrzehnten unermüdlicher Weiterentwicklung ihrer Strategie gewonnen hat, zeige ich nun in einfachen Schritten, auf welche zentralen Punkte es in der Praxis ankommt und um welche Empfehlungen man als Privatanleger eher einen Bogen machen sollte.

4.1 Was sollte ich vor dem ersten Aktienkauf tun?

Eine tolle Möglichkeit, sich schon vor der Anlage mit der Funktionsweise eines Aktiendepots auseinanderzusetzen, bietet ein **Musterdepot**. Als kostenloses Angebot nutze ich z. B. das Musterdepot von Onvista (www.onvista.de). Der Kauf und Verkauf von Aktien wird sehr realitätsnah abgebildet. Alle aufkommenden Schwierigkeiten können hier im Vorfeld simuliert und geübt werden. Die Transaktionskosten werden angezeigt und verschiedene Order-Optionen können ausgewählt werden.

4.2 Jährlich 1000 € sparen mit der richtigen Broker-Wahl

Der zweite Schritt besteht dann in der Wahl des geeigneten Brokers. Und diese Entscheidung sollte richtig gut überlegt werden, denn hier gibt es inzwischen ein enormes Einsparpotenzial.

Warum ich neben dem Filialbank-Depot und dem Direktbank-Depot nun fast ausschließlich einen Neobroker nutze, zeigt folgendes Rechenbeispiel. Darin vergleiche ich die Ausgaben für Depot und Aktienhandel einer Filialbank mit einer Direktbank und einem sogenannten Neobroker.

Als Berechnungsgrundlage gehe ich davon aus, dass ich in Deutschland wohne und mein (angestrebter) Depotwert 100.000 Euro beträgt. Außerdem fließt in die Berechnungen ein, dass ich fünf Käufe und fünf Verkäufe pro Monat im Volumen von jeweils 1000 Euro tätige und ich bei jedem Kauf und Verkauf 0,35 Prozent durch den **Spread** verliere.

Der Spread ergibt sich aus dem etwas höheren Briefkurs, den man beim Kauf zahlt, und dem etwas niedrigeren Geldkurs, zu dem man verkauft. Manchmal muss man etwas suchen, um sowohl den Brief- als auch den aktuellen Geldkurs transparent nebeneinander gestellt beobachten zu können. Der Spread schwankt mitunter deutlich. Er ist bei häufig gehandelten Aktien deutlich niedriger als bei exotischen Aktien.

Auch hier gibt es ein Einsparpotenzial, wenn man zu den üblichen Geschäftszeiten handelt und z. B. bei Aktien aus Nordamerika möglichst einen Zeitraum nutzt, bei dem die Handelsplätze sowohl in Europa als auch in New York geöffnet sind, was in der Regel werktags zwischen 16 und 19 Uhr der Fall ist. Der Wert 0,35 Prozent ist relativ hoch gegriffen, aber durchaus noch realistisch. Er hilft mir dabei, die unvermeidbaren Kosten bei jeder Transaktion stärker in den Blick zu nehmen und strategisch zu berücksichtigen.

Kosten Filialbankdepot

F1: Depotgebühren: ca. 0,15 % p.a.: 100.000 € * 0,15	= 150 €
F2: Handelsgebühren: 120 * 12 €	= 1440 €
F3: Spread-Gebühren: ca. 120 * 3,50 €	= 420 €
Filialbank – Gesamtkosten pro Jahr	**ca. 2010 €**
Gesamtkostenquote (TER) ohne ETF-Gebühren pro Jahr	ca. 2,01 %

Kosten Direktbank-Depot

D1: Depotgebühren	= 0 €
D2: Handelsgebühren 120 * 5,00 € + 0,25 % von 120.000 €	= 900 €
D3: Spread-Gebühren ca. 120 * 3,50 €	= 420 €
Direktbank – Gesamtkosten pro Jahr	**ca. 1320 €**
Gesamtkostenquote (TER) ohne ETF-Gebühren pro Jahr	ca. 1,32 %

Kosten Neobroker-Depot

N1: Depotgebühren	= 0 €
N2: Handelsgebühren 120 * 1.00 €	= 120 €
D3: Spread-Gebühren 120 * 3,50 €	= 420 €
Neobroker – Gesamtkosten pro Jahr	**ca. 540 €**
Gesamtkostenquote (TER) ohne ETF-Gebühren pro Jahr	ca. 0,54 %

Wenn man die jährlichen Kosten auf mehrere Jahre hochrechnet, wird deutlich, wie hoch das Einsparpotenzial ist.

In meinem Rechenbeispiel wäre das Direktbank-Depot rund ein Drittel günstiger. Beim Neobroker lassen sich sogar fast 75 Prozent einsparen.

Die Einrichtung des Depots beim Neobroker samt dem dazugehörigen Konto funktionierte bei mir reibungslos über eine Video-Identifizierung per Smartphone in ca. zehn Minuten. Nun musste ich noch Geld auf das Verrechnungskonto überweisen und konnte bereits am nächsten Werktag handeln.

Auch bei der **Einlagensicherung** muss man keine Abstriche machen, wenn man sich für einen Neobroker entscheidet, dessen Verrechnungskonto von einer Bank geführt wird, die einer entsprechenden Entschädigungseinrichtung angehört. Bei Banken innerhalb der EU beträgt die Einlagensicherung mindestens 100.000 Euro. Das Depotguthaben selbst gilt als geschütztes Vermögen, das die Bank lediglich treuhänderisch verwaltet und im Falle einer Insolvenz an den Anleger herausgeben muss. Daher ist es selbst im Falle einer Insolvenz des Brokers sicher.

Abstriche muss ich lediglich bei der Auswahl der handelbaren Aktien machen, aber dazu behalte ich das alte Depot als »Schrumpf-Depot«. Übrigens habe ich mich bewusst gegen ein Flatrate-Angebot entschieden, da dieses Angebot mich zu stark zum übertriebenen Hin und Her verleiten könnte. Das ist ohnehin ein viel diskutiertes Problem. Die extrem simple Möglichkeit, mit einem Knopfdruck zu ordern, führt zu übertrieben vielen Trades, was nachgewiesenermaßen langfristig die Rendite beträchtlich schmälert.

Über die Filialbank kaufe ich inzwischen keine Aktien mehr. Neben den deutlich höheren Ordergebühren nerven mich besonders auch die Entgelte für das Depotguthaben. Solche Kosten gibt es bei Direktbanken und Neobrokern nur selten.

Umgekehrt kann es sein, dass ich weniger stark gehandelte Aktien oder ETFs bei meinem Neobroker nicht ordern kann.

Ansonsten bin ich von den günstigen Neobrokern überzeugt. Sie sind nicht nur ausgesprochen günstig, sondern sie sind auch einfach zu bedienen.

Zu den Neobrokern zählen u. a. Trade Republic, Scalable Capital, Smartbroker, justTRADE, finanzen.net zero, nextmarkets. Sie sind sich zwar alle sehr ähnlich, aber man kann sich vorher informieren, welcher dieser Broker den eigenen Vorlieben am ehesten entspricht.[1]

4.3 Die Wahl des richtigen Brokers

Da es bei langen Laufzeiten um erhebliche Beträge geht, sollte man im Vorfeld sorgfältig auswählen, welcher Broker am besten passt. Der Broker bietet mir in der Regel zwei Produkte in Kombination an: ein Verrechnungskonto und ein Depot. Auf das Verrechnungskonto muss ich zunächst Geld überweisen, das ich dort auch zwischenparken kann. Von diesem Konto aus werden dann alle Trades getätigt. Auch ausgeschüttete Dividenden- und Zinserträge landen automatisch auf dem Verrechnungskonto, ebenso die Erlöse von Wertpapieren, die ich verkaufe.

Wer bereits bei einer teuren Filialbank neben dem Girokonto als Verrechnungskonto ein Depot unterhält, kann sich überlegen, ein zweites kostenloses Depot bei einem günstigeren, anerkannten Broker zu eröffnen. Dann kann bei Zukäufen gespart werden und es steht ein weiteres Verrechnungskonto zur Verfügung, für das im Idealfall kein Verwahrentgelt erhoben wird.

In Chargen kann man dann Teile des Depots übertragen. Für einen solchen Übertrag dürfen in der Regel keine bzw. nur geringe Gebühren erhoben werden, es kann allerdings mehrere Tage bis Wochen dauern, bis die Übertragung vollzogen ist. In dieser Zeit hat man dann teilweise keinen Zugriff auf die übertragenen Depottitel. Daher rate ich dazu, nicht das komplette Depot auf einen Schlag zu übertragen, sondern in Chargen mehrere Einzelposten zu übertragen.

---

[1] Weitere Informationen finden Sie unter www.sanderı.de

Argumente für eine doppelte Depotführung

- Fällt ein Broker kurzfristig aus, bleibt immer noch eine Alternative zum Traden. Ich habe das so organisiert, dass ich mein ausgedientes Zweithandy an den einen Broker und das andere Handy mit dem anderen Broker verknüpft habe. Dadurch bleibe ich selbst bei Verlust, Diebstahl oder Funktionsschaden meines Smartphones handlungsfähig.
- Falls beim zweiten Broker weniger Titel an weniger Börsenplätzen handelbar sind, fällt das nicht so ins Gewicht.
- Durch das zusätzliche Verrechnungskonto hat man flexiblere Möglichkeiten, um Geld ohne Strafzinsen »zwischenzuparken«.
- Man erhält weitere Informationen durch die Analyse- und Informationsangebote des zweiten Brokers.

Und noch eine Sache sollte man beachten. Beim Führen mehrerer Depots findet der Verlustausgleich zwischen Gewinnen und Verlusten aus Aktien nicht automatisch depotübergreifend statt. Man muss das dann bei der Steuererklärung nachträglich angeben oder schon im Vorfeld darauf achten, dass Gewinne und Verluste verrechnet werden und der steuerliche Freibetrag (Sparerpauschbetrag) möglichst gut ausgenutzt wird.

Checkliste zur Wahl des richtigen Brokers	**Erfüllt**	**nicht erfüllt**
☞ **Niedrige Transaktionskosten** Möglichst weniger als 5 € pro Order, möglichst kein oder nur kleine prozentuale Anteile am Ordervolumen		
☞ **Keine Depotgebühren**		
☞ **Keine Strafzinsen** auf dem Verrechnungskonto bzw. hoher Freibetrag von mindestens 50.000 €		
☞ Die Bank des angeschlossenen Verrechnungskontos hat ihren Sitz in Deutschland bzw. in der EU und sie gehört einem funktionierenden **Einlagensicherungsverbund** an und sichert Beträge von mindestens 100.000 € auf dem Verrechnungskonto ab.		
☞ Es gibt **kostenlose ETF-Sparpläne.**		
☞ Der Broker ist **etabliert** und bekannt und wird von seriösen Quellen empfohlen.		
☞ **Transparenter Spread** Die Darstellung der Kurse für Kauf und Verkauf (Briefkurs und Geldkurs) wird übersichtlich angezeigt.		
☞ **Informationen** zur Aktie, zur Dividende und zu den Geschäftszahlen sind hinterlegt.		
☞ **Steuermitteilungen** werden automatisch erstellt.		
☞ Bei Einrichtung eines Zweitdepots: Die **Übertragung von Depotwerten** aus dem bestehenden Depot ist problemlos möglich.		

4.4 Typische Fehler vermeiden

Der deutlichen Mehrheit der Fondsmanager gelingt es nicht, den Markt zu schlagen. Breit gestreute ETFs wie der MSCI World oder der All Country World Index performen oft besser als Aktienfonds. Das ist zunächst erstaunlich, wird bei näherer Betrachtung allerdings erklärbar. Menschen sind wissentlich oder unwissentlich vor allem emotional gesteuert – und begehen daher häufig Fehler. Das fängt mit Selbstüberschätzung an, geht mit Ungeduld weiter und endet oft in übertriebener Gier. Fondsmanager stehen dabei unter enormen Druck, jederzeit gut performen zu müssen. Privatanleger hätten hier eigentlich den Vorteil, gelassener bleiben zu können und Rücksetzer auf breiter Front einfach auszusitzen.

Dennoch begehen gerade Börsenneulinge, die nicht schon Jahre zuvor die Marktbewegungen beobachtet haben, und sich nicht fundiert im Vorfeld informiert haben, häufig eklatante Fehler, die nicht selten in herbe Verluste münden können.

Sieben häufig begangene Anleger-Fehler

Fehler 1: Aktienkauf auf Pump

Aktien auf Pump zu kaufen halte ich für eine sehr schlechte Idee. Man gerät bei sinkenden Kursen besonders schnell unter psychischen Druck und begeht dann Fehler.

Wenn die Finanzierung einer selbst bewohnten Immobilie noch nicht ganz abgeschlossen ist, kann bereits in kleinem Umfang mit einem langfristigen Ansparplan in ETFs begonnen werden, da der abgezahlte Anteil bereits eine gewisse Absicherung bieten kann.

Fehler 2: Alles auf eine Karte setzen

Wer sich schlecht informiert und das gesamte Vermögen auf wenige, riskante Titel setzt, freut sich anfänglich vielleicht über kleine Zuwächse, kann mittelfristig allerdings herbe Verluste erleiden. Von einer Bekannten erfuhr ich nach Jahren, dass sie den gesamten Erlös aus dem Verkauf des Elternhauses in zwei Cannabis-Aktien investierte und nach anfänglichen Kursgewinnen dann über 90 Prozent des eingesetzten Geldes verlor.

Fehler 3: Trotz gerechtfertigter Kursverluste unüberlegt nachkaufen

Besonders fatal ist es, wenn man nur wenige Titel im Depot hat – und diese dann nach Kurseinbrüchen nachkauft – getreu dem Motto: »Jetzt ist der Kurs ja so günstig!« Wenn Unternehmen in Schieflage geraten, wenn sich die Marktsituation plötzlich ändert, dann gibt es für den Kurs keinen Boden. Anstatt dann verstärkt in Verlierer-Aktien zu setzen, sollte man ganz im Gegenteil zu profitableren Unternehmen wechseln und die Verluste durch Teilverkäufe reduzieren. Das gilt ausdrücklich nicht in Crash-Phasen, wenn der breite Markt nach unten korrigiert, was in der Vergangenheit häufig durch Panik-Reaktionen und sich selbst verstärkende Effekte geschah.

Fehler 4: Auf sogenannte Insider-Tipps hereinfallen

Das Internet und die sozialen Netzwerke sind voll von fragwürdigen Empfehlungen. Wer riesige Kurszuwächse verspricht, bekommt vielleicht große Aufmerksamkeit; meist laufen solche Empfehlungen jedoch ins Leere. Selbst von prominenten Persönlichkeiten habe ich immer wieder Investitionsvorschläge überprüft, die mir für Privatanleger völlig ungeeignet erscheinen, weil sie nicht ausgewogen sind und jede Substanz vermissen lassen. Auch den Handel mit Zertifikaten und Optionen halte ich nicht für sinnvoll. Solche »Wetten« sind vielleicht eine Alternative zu Pferdewetten oder Glückspielen, aber sie sind nicht geeignet für eine kostengünstige, diversifizierte und langfristig ausgerichtete Anlage.

Fehler 5: Aktien nicht-profitabler Unternehmen kaufen

Wer nicht schon jahrelange Erfahrungen an der Börse gesammelt hat und über ein bereits gestreutes Depot verfügt, sollte um Unternehmen, die (noch) nicht profitabel sind (also auch keinen positiven Gewinn ausweisen), einen Bogen machen. Vermeintlich gute Ideen treffen auf die harte Realität an den globalen Märkten mit teilweise nicht vorhersehbaren Schwierigkeiten. Viele der zuvor in den sozialen Medien stark gehypten Börsengänge entwickeln sich nach einer kurzen Phase des Aufschwungs enttäuschend.

Mein Investment fußt auf den jahrzehntelangen Erfahrungen von Beate Sander, die mit einem überschaubaren Kapital startete und durch ihr durchdachtes Vorgehen während ihrer Pensionszeit zur Millionärin wurde. Die wichtigsten Punkte aus dieser Anlage-Erfahrung lassen sich in der Hoch-Tief-Mut-Strategie zusammenfassen.

Fehler 6: Gewinne nicht mitnehmen

Wenn Aktienkurse sehr stark anziehen, und sich der Kurs seit Kauf mehr als verdoppelt hat, prüfe ich einen Teilverkauf zur Gewinnabsicherung. Bei der ersten Kursverdopplung verkaufe ich oft 40 bis 50 Prozent der betreffenden Aktien, es sei denn, das Unternehmen ist langfristig so stark aufgestellt und so buchwertstark, dass ein deutlicher Rücksetzer nicht zu erwarten ist. Viele Anleger vermeiden dies mit dem Argument, dass die Gewinne (in Deutschland) mit rund 28 Prozent (Abgeltungsteuer, Solidaritätszuschlag und ggf. Kirchensteuer) versteuert werden müssen. Übersehen wird dabei, dass die Steuern irgendwann ohnehin fällig werden. Wenn man einen Teil der »Steuerlast« durch Teilverkäufe bereits eingelöst hat, ist dies bereits abgegolten. Wenn ich mich für Gewinnmitnahmen entscheide, prüfe ich auch, ob ich den Gewinn koppele mit einem Teilverkauf einer schwach laufenden Aktie. Das muss nicht gleichzeitig geschehen, da Gewinne und Verluste aus Aktienverkäufen innerhalb eines Depots jährlich miteinander verrechnet werden. Auch der steuerfreie Freibetrag für Einkünfte aus Kapitalerträgen ist hier zu beachten. Dieser sogenannte Sparerpauschbetrag soll 2023 auf jährlich 1000 Euro für Ledige bzw. 2000 Euro für gemeinsam veranlagte Ehepaare erhöht werden.

Fehler 7: Keinen langfristigen Plan verfolgen

Selbst vermögende Privatanleger gehen oft ohne Strategie vor. Sie legen Geld an, ohne sich kompetent auszutauschen, meist in festverzinsliche Wertpapiere, obwohl damit nicht einmal der Inflationsverlust ausgeglichen werden kann.[2]

4.5 Mein Plan: Die Hoch-Tief-Mut-Strategie

Der Kursverlauf einer Aktie ist entscheidend für die Frage, ob ein Kauf, Zukauf, Verkauf oder Teilverkauf sinnvoll ist. In Hoch- und Tiefphasen bieten sich vollkommen unterschiedliche Chancen und Gefahren.

Als Langzeitanleger habe ich dabei nicht nur die Charttechnik im Blick, sondern achte auch auf die psychologischen Hintergründe. Wichtiger als das Über- oder Unterschreiten charttechnischer Unterstützungslinien ist für mich die Antwort auf die Frage, wie gerechtfertigt der Kurs mit Blick auf das dahinterstehende Unternehmen ist, bzw. wie stark hier ein allgemeiner Trend zur Abstrafung oder Überhöhung des aktuellen Kurses führt.

Je nach Kursentwicklung ist dann ein mutiges, aber nicht übermütiges, entschlossenes Handeln gefragt, das auf einem klar strukturierten Vorgehen fußt.

Die folgenden zehn Grundsätze konkretisieren diese Strategie, in der die wesentlichen Überlegungen und Erfahrungen von Beate Sander zusammengefasst sind. Sie bilden daher die Grundlage für meinen Anlage-Plan.

4.5.1 Breite Streuung

Niemals setze ich alles auf eine Karte! Bei mir befinden sich derzeit über 200 Titel im Depot.

Sie sind äußerst **divers** zusammengesetzt, sowohl im Hinblick auf die Größe der Unternehmen als auch auf ihre globalen Herkunft und das jeweilige Unternehmenssegment.

ETFs (Exchange Traded Funds) wird meist übersetzt mit »börsengehandelte Indexfonds«. Dieser Name ist kompliziert und auch nicht ganz korrekt, da ETFs nicht nur Indizes abbilden. Mir gefällt die Übersetzung mit **Aktienkorb** viel besser. Denn genau darum geht es bei einem ETF. Man kauft nicht Hunderte von Einzelaktien, sondern einen ganzen »Einkaufswagen« mit 40, 50, 1600 oder mehr darin enthaltenen Aktien.

---

2 Vgl. dazu Peter Köhler: »Die häufigsten Fehler reicher Anleger« in *Handelsblatt* Nr. 25/2022, S. 36.

Quelle: Alexas_Fotos auf Pixabay (lizenzfrei)

Mit Hilfe eines oder mehrerer ETFs lässt sich bereits zu Beginn der Depotaufstellung ein breit gestreutes Fundament schaffen, vor allem dann, wenn der ETF selbst besonders breit streut. Das ist beispielsweise beim ACWI-ETF (ACWI = All Country World Index) oder beim FTSE All World-ETF der Fall. Wenn man mehr über die Zusammensetzung erfahren will, kann man sich das **Factsheet** ansehen. Dieses findet man auf der Homepage des Emittenten oder auf Internetseiten wie z. B. www.justetf.com.

Demnach sind die größten vorhandenen Positionen im ACWI-ETF (wie auch in vielen anderen globalen ETFs): Apple, Microsoft, Alphabet, Amazon und Tesla. Der IT-Bereich ist am höchsten gewichtet, gefolgt von den Bereichen Finanzen, Konsumgüter, Gesundheit und Industrie.

ETFs spielen also gleich zu Beginn des Depotaufbaus eine wichtige Rolle, um sofort mit breiter Streuung beginnen zu können. Darüber hinaus gerät man als Neuanleger nicht so schnell unter Stress, wenn es mal nicht so gut läuft.

Bei einem ETF, der aus mehreren hundert Aktien bestehen kann, fühlt man sich nämlich viel weniger verantwortlich als bei der Anlage in Einzelaktien, bei denen man sich in schlechten Zeiten fragt: »Warum habe ich die nur gekauft?« bzw. »Warum habe ich die nicht früher verkauft und die Gewinne mitgenommen?« Solche Gedanken sind kontraproduktiv, weil ein Anleger, der unter Stress steht, mit großer Wahrscheinlichkeit Fehler begeht, wenn er vorschnell Aktien zu niedrigen Kursen verramscht oder übereilt Aktien zukauft, die bereits stark gestiegen sind.

Streuung nach Branchen

In vielen sozialen Medien werden vor allem aktuelle Trends besprochen, die für Anleger verlockend wirken. Wichtig ist dabei, die ganze Bandbreite in den Blick zu nehmen und das Depot so vielfältig wie möglich aufzustellen. Dabei kann es hilfreich sein, wenn möglichst viele der folgenden Branchen vertreten sind. Die folgende Checkliste kann helfen.

Checkliste Streuung nach Branchen	enthalten	nicht enthalten
☞ Bereich Pharma, Medizin, Telemedizin, Gesundheit		
☞ Künstliche Intelligenz, Informationstechnologie, Cloud Computing, Cyber Security, Social Media		
☞ Chemie, Rohstoffe, Rohstoffveredelung, Recycling		
☞ Konsumgüter, Versandhandel, Mode, Freizeit		
☞ Industrie, umweltverträgliche Transportmittel, E-Mobilität		
☞ Bau-Unternehmen, Baustoffe		
☞ Immobilien, REITS (Real Estate Investment Trusts)		
☞ Versicherer, Rückversicherer		
☞ Finanzdienstleister, Banken		
☞ Energieversorgung, Regenerative Energien		

Natürlich gibt es noch viele weitere Branchen. So tauchen immer wieder Berichte z. B. über Drohnen, Weltraumtaxis oder disruptive Technologien auf, allerdings sehe ich Geschäftsmodelle, die noch nicht profitabel sind, zumindest für Kleinanleger kritisch. Vor allem dann, wenn von einem exponentiellen Wachstum die Rede ist, bin ich besonders vorsichtig.

Rückblickend lassen sich viele Beispiele dafür finden, dass exponentielles Wachstum dauerhaft nicht möglich ist, sondern eher mit kräftigen Rücksetzern einhergeht.

Streuung nach Regionen

»Die besten Aktien findet man nicht im DAX!« Im DAX und dem MDAX gibt es durchaus viele, substanzstarke Unternehmen, die auch in meinem Depot eine wichtige Rolle spielen. Wirtschaftlich betrachtet spielt die Musik allerdings auf der ganzen Welt und nicht nur in Deutschland.

Folgende Regionen halte ich für interessant, wobei jeder Anleger individuell prüfen muss, wie er die Lage eines Staates einschätzt, vor allem, wenn neben finanziellen Interessen auch *gewissenhafte Entscheidungen* einbezogen werden sollen, die die politische Situation der Menschenrechte berücksichtigen.

Checkliste Streuung nach Ländern	enthalten	nicht enthalten
☞ **Europa** Mitteleuropa (Deutschland, Frankreich, Schweiz, …) Nordeuropa (Skandinavien) Südeuropa, Osteuropa Großbritannien		
☞ **Nordamerika** USA und Kanada		
☞ **Asien** Japan Indien China mit Hongkong Taiwan		
☞ **Restliche Welt** Australien Brasilien …		

Zeitliche Streuung

Wer das Geld in mehreren Chargen anlegt, ist noch weniger vom vermeintlich richtigen Kaufzeitpunkt abhängig. Der beste Kaufzeitpunkt für einen Teil der Ersparnisse ist immer JETZT.

Den Moment, in dem ich das erste Mal real eine Aktie gekauft habe, was inzwischen über 20 Jahre her ist, werde ich nie vergessen. Obwohl ich als junger Mann mit nur einer geringen Summe gestartet bin, war ich von diesem Zeitpunkt an viel neugieriger auf alles, was mit der Börse in Zusammenhang steht. Durch die erworbenen Kenntnisse und Fähigkeiten konnte ich dann jederzeit mein Aktien-Engagement erhöhen.

Quelle: Myriams-Fotos auf Pixabay

Wer zu lange hadert und den Beginn der Partizipation am wirtschaftlichen Wachstum immer wieder herauszögert, der verliert langfristig mit großer Wahrscheinlichkeit einen erheblichen Teil seiner Ersparnisse aufgrund der Inflation.

Wer einen größeren Geldbetrag zur Verfügung hat – zum Beispiel im Rahmen einer Erbschaft – kann z. B. 20 Prozent sofort investieren, 40 Prozent auf fünf Chargen (z. B. eine alle zwei bis drei Monate) verteilen – und die restlichen 40 Prozent als Cash und für spätere gezielte Zukäufe in Phasen von Rücksetzern nutzen.

Wer klein anfängt – und zum Beispiel mit einem kostenlosen Sparplan monatlich mit Festbeträgen in einem breit getreuen ETF investiert, der sorgt ohnehin automatisch für eine zeitliche Streuung. Zumindest in den ersten Sparjahren kann man sich so sogar über Kursrücksetzer freuen, denn dadurch gelangen dann ja größere Anteile der ETFs in das Depot.

4.5.2 Langfristige Anlage

Zu einem vermeintlich schlechten Zeitpunkt einzusteigen, ist allemal besser, als gar nicht einzusteigen.

Als Neueinsteiger kann man mit einer zeitlichen Streuung das Geld zu verschiedenen Zeitpunkten in Tranchen anlegen. Das hat dann den Vorteil, dass man bei sinkenden Kursen zu einem günstigeren Kurs zukauft und dennoch sofort starten kann.

Selbst wer unmittelbar vor den großen Einbrüchen im März 2020 zu den Höchstständen in Aktien investiert und dann schnell 30 Prozent verloren hatte, hat diese Verluste ebenso wie bei den Krisen in den Jahren 2001 und 2008 nach einigen Monaten meist wieder ausgeglichen.

Zu viel Aktionismus erfreut die Banken, die ja bei jeder Order mitverdienen. Dem Anleger bringt das mittel- und langfristig gesehen allerdings nicht viel ein.

Mit dieser Strategie kaufe ich vor allem dann zu, wenn andere panisch werden und aussteigen. Bei solchen Zukäufen konzentriere ich mich auf besonders vertrauenswürdige Value-Titel, bei denen ich mir keine Sorgen um eine Insolvenz machen muss (dazu zähle ich derzeit z. B. Werte wie Allianz, Amazon, Apple, Samsung, Roche, Munich Re, ...).

Sehen Sie sich den **Zehn-Jahres-Verlauf** wichtiger Indizes (DAX, MDAX, NASDAQ, ...) in Ruhe an! Sie werden bemerken, dass es ein bisschen so aussieht, als würde ein Bergsteiger ganz langsam emporsteigen und dabei immer wieder plötzlich abrutschen.

Die Kursrückgänge sind also ziemlich abrupt, die Aufstiege oft eher gemächlich und scheinbar unspektakulär.

Und dennoch! Der Trend insgesamt zeigt nach oben. In den letzten Jahrzehnten verloren daher vor allem Kurzzeit-Anleger und Zocker, nicht aber die Beharrlichen. Entscheidend ist eben die Gesamt-Performance. Das ist wie bei einer erfolgreichen Fußballmannschaft, die es durchaus verkraftet, wenn einer der Spieler mal keine 100-Prozent-Leistung bringt.

Den Fondsmanagern sind wir Privatanleger vor allem hier einen Schritt voraus! Denn wir müssen keine Quartalsergebnisse und Rechenschaftsberichte vorlegen. Wir können Schwächephasen in Ruhe aussitzen!

Hätten Aktionäre die bisherigen Krisen »verschlafen« und wären jeweils erst einige Monate später wieder »aufgewacht«, wäre der Schreck über die zwischenzeitlichen Kurseinbrüche oft deutlich kleiner gewesen, das gilt noch stärker bei längeren Betrachtungszeiträumen von mehreren Jahren. Dieser strategische Ansatz wird auch als »Buy-and-Hold-Strategie« bezeichnet.

Quelle: Ralf Kunze auf Pixabay (lizenzfrei)

Eine Verlustbegrenzung durch Teilverkäufe halte ich nur dann für sinnvoll, wenn sich das Geschäftsmodell langfristig nachteilig entwickelt. Wenn sich ein Konkurrent beispielsweise einen deutlichen Technologievorsprung erarbeitet oder Gewinnprognosen drastisch gesenkt werden, kann es durchaus ratsam sein, die Aktien teilweise oder ganz abzustoßen. Automatisierte Verkäufe unterscheiden aber leider nicht, ob es sich um ein unternehmerisches Versagen, um einen kurzzeitigen Flash-Crash, eine Fake-Nachricht oder um ein panisches Herdenverhalten handelt, dass auch die Kurse unbeteiligter Unternehmen nach unten zieht.

Mit dem Wissen, dass sich Aktien von Unternehmen, die sich nicht in einer (oft hausgemachten) existenziellen Krise befinden, mittelfristig wieder erholen werden, hält man Krisenzeiten lieber aus und nutzt sie dann eher für Zukäufe – womit wir schon beim dritten Grundsatz wären.

4.5.3 Nach Kurs-Rücksetzern cool bleiben

Ein Crash ist gut – für Leute mit Mut!

Wenn ängstliche Anleger all ihre Papiere zu Tiefstkursen auf den Markt werfen, kaufe ich behutsam und nach einem dafür vorbereiteten Plan in Chargen zu. Eine Watchlist mit substanzstarken Aktien und ETFs habe ich für solche Szenarien schon vorbereitet in der Schublade liegen. Allerdings verschieße ich nicht mein ganzes Pulver sofort, da ich weiß, dass ein Rücksetzer mehrere Monate, manchmal auch noch länger andauern kann.

Auf der Suche nach günstigen Zukauf-Möglichkeiten erkenne ich, dass der Crash viel von seinem Schrecken verliert. Die Chancen bei starken Einbrüchen zum Depotaufbau zu nutzen, heißt, genau das Gegenteil von dem zu machen, was dann gerne von Banken und sogenannten Börsenexperten empfohlen wird, nämlich Zukauf statt Abverkauf.

Daher bin ich auch vorsichtig mit der **Stop-Loss-Order**. Diese kann hilfreich sein, wenn man für einige Zeit keinen Depotzugriff hat oder wenn der Großteil des Geldes für eine anstehende Investition benötigt wird. Sie steht meist jedoch im Widerspruch zur Hoch-Tief-Mut-Strategie, denn durch eine Stop-Loss-Order werden (wenn auch im geringeren Umfang) Verluste realisiert. Das ist nur dann sinnvoll, wenn das einzelne Unternehmen in ernsthaften Schwierigkeiten steckt, nicht aber, wenn sich das gesamte Umfeld in einer hysterisch aufgeladenen Ausnahmesituation befindet.

Ansonsten bewirken die von vielen Anlageberatern empfohlenen Stop-Loss-Orders eher eine Selbstverstärkung des Abwärtstrends und sorgen dadurch wiederum für unrealistisch niedrige Kurse. Das ist gut für den, der jetzt einsteigen kann, und schlecht für diejenigen, die jetzt automatisiert Verluste einfahren!

Im Crash leide ich weniger, wenn ich nicht jammere, sondern überlegt handele.

4.5.4 Emotionen wahrnehmen und kontrollieren

Aus der psychologischen Forschung weiß man, dass uns unsere Emotionen in einem viel stärkeren Ausmaß kontrollieren, als wir das selbst wahrnehmen.

Eine langfristige Planung, die auch das Verhalten bei starken Kursanstiegen und bei Rücksetzern beinhaltet, ist daher ganz wichtig.

Zu viel **Euphorie** kann man entgegenwirken, indem man bei hohen Kursen Gewinne durch Teilverkäufe realisiert. Hohe Gewinne bedeuten für mich meist Kursanstiege von 80 bis 120 Prozent. Dann nehme ich gerne eine knappe Hälfte der Aktien raus, investiere das Geld gerne in buchwertstarke Value-Titel und habe damit den Einsatz weitgehend abgesichert.

Teilverkäufe sind vor allem in solchen Phasen sinnvoll, in denen von Gier getriebene Anleger weiter ordern, um bloß nichts zu verpassen. Der Absturz nach einer vorausgegangenen Überbewertung geht dann meist zu schnell, um noch mit Verkäufen reagieren zu können. Die Gier der Anderen wird somit zu meinem strategischen Vorteil.

Quelle: AbsolutVision auf Pixabay (lizenzfrei)

Steigen die Kurse nach dem Teilverkauf noch weiter an, freue ich mich über den verbliebenen Anteil der »Rennpferde«.

Sinken die Kurse in der Folgezeit, bleibe ich gelassen, denn meinen Einsatz habe ich ja bereits »gesichert«.

Wer **panisch** oder **ängstlich** auf schwächelnde Märkte reagiert, wird es als Aktionär sehr schwer haben. Wer diese Ängste nicht überwinden kann, sollte über Alternativen nachdenken bzw. die Cashquote erhöhen. Mischfonds oder anderen Anlageformen bringen langfristig zwar meist weniger Rendite, sind aber für ängstliche Anleger besser auszuhalten.

Bei hohen Kursgewinnen werde ich nicht übermütig und bei Kursverlusten nicht panisch.

Sinkt der Aktienkurs einzelner Werte kontinuierlich ab, fahnde ich zunächst nach den Ursachen für den Kursverlust. Manchmal führen gute Geschäftszahlen zu Kursrückgängen, weil Analysten noch mehr erwartet haben; das sitze ich dann gerne aus. Ebenso verhält es sich bei marktbreiten Rückgängen substanzwertstarker Aktien. Gibt es hingegen unerwartet schlechte Nachrichten zu Fundamentaldaten, die sich nachhaltig negativ auf die Marktstellung des Unternehmens auswirken können, versuche ich, den Verlust zu begrenzen – entweder mit Teilverkäufen oder in Ausnahmefällen auch durch Komplettverkäufe.

Ich erwarte nicht, dass sich jede gute Aktie ständig positiv entwickelt. Auch in einem Spitzenteam bringt nicht jeder Fußballer stets seine Höchstleistung.

Es ist gefährlich, Verluste mit spekulativen Investments oder Nachkäufen problembeladener Unternehmen wettmachen zu wollen. Ein noch tieferer Absturz wäre dann fast schon vorprogrammiert. Hintergründe dazu gibt es in Kapitel 9 und auf www.sander1.de.

4.5.5 Aktien im angemessenen Volumen ordern

Aufgrund der Transaktionskosten ist ein Ordervolumen von weniger als 1000 Euro meist nicht sinnvoll.

Pro Order empfiehlt sich in der Regel ein Einsatz zwischen 1000 Euro und 2000 Euro. Dies ist natürlich auch abhängig von den Ordergebühren.

So zahlt man bei den Neobrokern kaum noch Fixbeträge, aber über den Spread (Differenz aus Geldkurs und Briefkurs) verliert man dennoch einen Teil des investierten Betrages. Je nach Tageszeit, Handelsvolumen und Börsenplatz kann das weniger als 0,1 Prozent aber auch mehr als 2 Prozent des Ordervolumens betragen.

Ein zu geringes Ordervolumen erschwert die hilfreichen Teilverkäufe nach starken Kuranstiegen bzw. länger anhaltenden Kursrückgängen, ein zu hohes Ordervolumen geht meist zulasten der gewünschten breiten Streuung. Bei breit gestreuten ETFs sind allerdings nach oben keine Grenzen gesetzt.

4.5.6 Keine Komplettverkäufe bei Höchstständen

Gerade wenn man einige Zeit lang keine Kursgewinne erzielen konnte, neigt man bei Zuwächsen eventuell dazu, endlich Gewinne zu realisieren. Bei einem Komplettverkauf fliegen dann aber vielleicht die »besten Rennpferde« aus dem Stall. Ein guter Kompromiss besteht darin, nur einen Teil zu verkaufen, um Gewinne abzusichern. Meist mache ich das auch erst dann, wenn sich der Kurs in weniger als zwölf Monaten ungefähr verdoppelt hat – und dieser Kursanstieg mit einer vorübergehenden positiven Stimmung in Zusammenhang stehen könnte, so wie dies im Jahr 2021 bei sogenannten »Corona-Gewinnern« der Fall war.

Manche Anleger scheuen sich vor Gewinnmitnahmen, weil diese dann meist versteuert werden müssen. Für mich zählt dieses Argument nicht, denn ich trage diese »unsichtbare Steuerlast« ohnehin mit mir herum, wenn mein Depot gut wächst, d. h. früher oder später müsste ich die Steuern ja eh bezahlen, lediglich der Zinseszinseffekt wird ein kleines bisschen geschmälert.

Außerdem kann ich steuerliche Gewinne aus Teilverkäufen ja über den Verrechnungstopf mit den steuerlichen Verlusten aus Verkäufen koppeln und gegebenenfalls auch meinen Sparerpauschbetrag voll ausnutzen.

Im Bullenmarkt bei hohen Kursständen trenne ich mich durch Teilverkäufe nur von einem Teil der Aktien und behalte so genügend Rennpferde im Stall.

Umgekehrt gilt auch bei sinkenden Kursen, dass Teilverkäufe geeignet sein können, um Verluste zu reduzieren. Auch das fällt oft schwer, weil erst durch den Verkauf Verluste realisiert werden, aus reinen Buchverlusten also echte Verluste werden. Teilverkäufe machen es einem leichter, wenn man die Hoffnung auf ein Unternehmen noch nicht ganz verloren hat. Man gibt die Verbindung nicht ganz auf, verringert aber das Verlustrisiko.

Bevor ich einen Teilverkauf durchführe, stelle ich mir zunächst die Frage, ob der Kursrückgang in erster Linie mit der Schwäche des betreffenden Unternehmens zusammenhängt und ob langfristig die Erfolgsaussichten nachhaltig schlechter sind als bisher. Ist dies nicht der Fall und folgt der Kursrückgang nur einem marktbreiten Abschwung, der von Panik getrieben sein könnte, stelle ich mir die Frage nicht, ob ein Teilverkauf wohl angebracht wäre.

4.5.7 Gute Mischung aus Value und Growth

Bilden die weniger volatilen (weniger schwankenden) Value-Aktien den Fels in der Brandung, so sind die oft hoch bewerteten offensiven **Wachstumstitel** aus den Bereichen Bio-Technologie, Medizintechnik, künstliche Intelligenz, Robotik, Halbleiter, Cloud-Computing, Digitalisierung und Internetsicherheit eine wichtige Ergänzung. Zwar sind die bisherigen positiven Erwartungen häufig bereits im Kurs eingepreist, aber oft steigen solche Aktien noch einige Zeit weiter an, obwohl viele Untergangspropheten vor »platzenden Blasen« warnen. Im Jahr 2021 war Tesla hier ein gutes Beispiel.

Es geht also um eine gute Mischung: Growth-Aktien – oft verbunden mit einem höheren Risiko – und Value-Aktien als Fundament. In meinem Depot verfahre ich dabei nach meiner **80-20-20-Regel**.

80 Prozent der gekauften Aktien entstammen dem Value-Bereich und haben eine gute Entwicklung des KGV, das sich dem Wert 20 annähert.

Die restlichen **20 Prozent** sind Growth-Aktien mit einer besonders guten Marktstellung, steigenden Umsätzen und erfolgversprechenden Zukunftsaussichten.

In jedem Fall lohnt sich eine langfristige Betrachtung. Wie wird sich das jeweilige Unternehmen in fünf oder zehn Jahren am Markt behaupten können? Einem Unternehmen, dem man eine wichtige Rolle auch in einer veränderten Welt zutraut, sollte man dann auch den Vorzug geben – und es trotz hoher Bewertung ins Depot nehmen.

4.5.8 Auf Fundamentaldaten achten

Der überwiegende Teil der Depotwerte besteht aus Unternehmen, die bereits profitabel sind und deren **Kurs-Gewinn-Verhältnis** möglichst unter 20 liegt oder sich zumindest in diese Richtung bewegt.

Auch ein hoher Buchwert hilft mir, Kursrücksetzer besser auszuhalten, da ich weiß, dass beim betreffenden Unternehmen viele Sachwerte wie Immobilien oder Produktionsanlagen vorhanden sind. Daneben kann das Depot dann um einzelne riskantere Werte von »jungen Unternehmen« ergänzt werden, selbst wenn diese aktuell noch nicht profitabel sind, dafür aber besonders gute Zukunftsaussichten in ihrer Nische haben.

Diese Unternehmen können vom KGV her oft (noch) nicht überzeugen, sie sollten dann wenigstens deutliche **Umsatzsteigerungen** vorweisen können, die möglichst auch mit steigenden Gewinnprognosen verbunden sind.

Bei der **Chartentwicklung** blicke ich – wenn möglich – drei Jahre zurück, um besser einschätzen zu können, welche Entwicklungen das Unternehmen bislang durchgemacht hat und wohin der Trendkanal langfristig zeigt.

Hilfreich ist hier ein Blick auf den gleitenden Durchschnitt, die sogenannte **200-Tage-Linie**. Das ist die Linie, die sich ergibt, wenn über jedem einzelnen Tag in einem Chart jeweils der Kursdurchschnitt der zurückliegenden 200 Tage eingetragen wird. Ein zusätzliches Kaufsignal sehe ich dabei übrigens schon, bevor der Chart diese Linie nach oben durchbricht, sprich, wenn sich die Linien aufeinander zubewegen. Bei dividendensstarken Aktien ist es sinnvoll, bei der langfristigen Betrachtung auf den Dividenden-Chart zu achten, also den Chart, in dessen Verlauf die Dividenden eingerechnet sind. Dieser wird auf mehreren Internetportalen angezeigt (vgl. dazu »hilfereiche Tools«).

4.5.9 Nebenwerte einbeziehen

Viele Wachstumschancen würden ungenutzt bleiben, wenn man sich nur auf den DAX fokussiert. Im SDAX, im SCALE (Börse Frankfurt) und im m:access (Börse München) finden sich viele spekulative Titel, unter denen aber einige chancenreiche Unternehmen gelistet sind (vgl. Kapitel 4.8).

Beate hatte viel Zeit mit »Stock Picking« verbracht, also dem Finden besonders wachstumsträchtiger Aktien. Dazu betrieb sie langwierige Recherchen und reiste zu vielen Aktionärsversammlungen kleinerer Unternehmen. Heutzutage kommt man über das Internet zwar leichter an Hintergrundinformationen, anderseits ist eine Vielzahl davon unseriös. Vor allem bei internationalen Nebenwerten ist es sehr schwierig, eine gute Vorauswahl von solchen Aktien zu treffen, die man dann vor dem Kauf einige Zeit beobachten sollte.

Die in den sozialen Medien empfohlenen Geheimtipps entpuppen sich meist als hochriskant. Um internationale Nebenwerte ins Depot aufzunehmen, habe ich mich daher ergänzend zur Recherche von Einzelwerten für einen Small Cap ETF entschieden. Small Cap ETFs gibt es inzwischen je nach Wunsch in regionaler oder globaler Zusammensetzung. In einem solchen ETF stecken zwar einige Verlierer, aber in der Summe können Small Cap ETFs mit anderen ETFs gut mithalten. In manchen Marktphasen performen sie sogar besser. Beate hat dies mit dem Vergleich erklärt, dass Small Caps für sie so etwas wie wendige kleine Schnellboote sind, die im Gegensatz zu einem Dampfer viel schneller auf veränderte Marktsituationen reagieren können.

4.5.10 Langfristige Entwicklungen berücksichtigen

Mein letzter Grundsatz besagt, dass ich nicht nur das kaufe, das ich gut kenne und mag. Stattdessen bemühe ich mich darum, weitere Zukunftsmärkte kennenzulernen.

Eine gute Hälfte der Depotwerte besteht aus Unternehmen, die bereits profitabel sind und deren Kurs-Gewinn-Verhältnis dann oft unter 20 liegt oder sich zumindest in diese Richtung bewegt.

Bei der Chart-Entwicklung blicke ich – wenn möglich – drei Jahre zurück, um besser einschätzen zu können, welche Entwicklungen das Unternehmen bislang durchgemacht hat und wohin der Trendkanal langfristig zeigt.

Gerade auch bei dividendenstarken Aktien ist es sinnvoll, zu prüfen, ob die Dividenden in den Vorjahren erhöht oder gekürzt worden sind. Bei der langfristigen Chart-Betrachtung beachte ich den bereits erwähnten Dividenden-Chart. Dieser Chart addiert die ausgeschütteten Dividenden zum Kurs. Aus dem Kursverlauf wird auf diese Weise ein Performance-Verlauf.

Bei der Flut von Informationen, die auf uns einprasseln, wird es immer schwieriger, die entscheidenden herauszufiltern.

Quelle: Gerd Altmann auf Pixabay (lizenzfrei)

Sogenannte Insider-Tipps sehe ich sehr kritisch. Das, was da als heißer Tipp angepriesen wird, entpuppt sich nicht selten als lahme Ente oder als kommerzieller Versuch, auf kostspielige Anlageformen auszuweichen.

Anstatt solchen Meldungen hinterherzurennen, erscheint es mir wesentlich sinnvoller, die längerfristigen Veränderungen und Wandlungen selbst zu erkennen und entsprechend darauf zu reagieren. Das geht meiner Meinung nach gut durch die ständige Lektüre von renommierten Wirtschaftszeitungen, auch wenn dies zeitintensiv ist.

Mit den Erkenntnissen aus dieser Lektüre gehe ich dennoch behutsam um. Wenn ich jede Meldung dazu nutzen würde, um am Depot Veränderungen vorzunehmen, dann wäre das langfristig gesehen sogar kontraproduktiv, wie wissenschaftliche Untersuchungen dazu belegen. Umgekehrt legte meine Mutter durch ihr gutes Gespür für künftige Entwicklungen immer wieder den Grundstein zur Outperformance. Das habe ich vor allem in der Coronakrise miterlebt und beispielsweise bei den Gewinnen durch den Handel mit Impfstoff-Aktien wie zuvor auch schon mit Wasserstoffaktien selbst erfolgreich praktiziert.

Quelle: Wokandapix auf Pixabay (lizenzfrei)

Die besonderen Merkmale meiner Strategie im Vergleich zu gängigen Empfehlungen stelle ich in der folgenden Tabelle noch einmal gegenüber.

4.6 Vergleich Hoch-Tief-Mut-Strategie – gängige Empfehlungen

	Hoch-Tief-Mut-Strategie	Gängige Empfehlungen vieler Investment-Banker
Bärenmarkt Kurse profitabler Value-Aktien geben trotz guter Marktstellung nach.	Möglichkeit eines Nachkaufs auslo-ten, um den günstigen Kurs zum Kauf zu nutzen	Verkaufen oder mit Zertifikaten auf sinkende Kurse wetten
Bullenmarkt Kurse sind in den letzten Wochen stark gestiegen.	Möglichkeit eines Teilverkaufs auslo-ten, um Gewinne abzusichern	Kaufen oder mit riskanten He-bel-Zertifikaten das Risiko erhö-hen
Kurse laufen seitwärts.	Abwarten und Ordergebühren (Spread) sparen	Auf Bonuszertifikate setzen, obwohl dadurch Gewinnmöglich-keiten beschnitten werden
Vermeintliche Geheimtipps wie z. B. »die Amazon-/Tesla-Aktie von morgen« etc.	Kritisch bleiben und die Geschäfts-zahlen sowie das Geschäftsmodell analysieren	Teilweise wird hier zu sehr riskan-ten Trades geraten.
Aktienfonds	Sie sind meist teuer und überflüssig aufgrund hoher Gebühren (TER) – meist performen die günstigeren ETFs genauso gut oder besser.	Ausgeprägte Werbung
ETFs	Sie eignen sich für langfristige Investi-tionen, für Sparpläne und zur Diversi-fizierung des Depots.	Zurückhaltende Werbung
Anlagezeitraum	Langfristig: mehrere Jahre	Oft kurz- und mittelfristig
Verlustbegrenzung	Durch breite Streuung Teilverkäufe bei Kursrückgängen, die durch eine schwächer werdende Marktposition bedingt sind. Cashquote nicht zu niedrig ansetzen, um bei Rücksetzern Kapital übrig zu haben. Keine Aktien auf Pump kaufen!	Automatischer Verkauf bei Errei-chen oder Unterschreiten eines gesetzten Kurses durch das Set-zen von Stop-Loss-Limits

Wie ich beim Kauf meiner Aktien auf Grundlage der genannten Überlegungen vorgehe, fasse ich nun in einer weiteren Checkliste zusammen.

4.7 Checkliste zum Aktienkauf

Kriterium	Erfüllt	Nicht erfüllt
☞ Das Unternehmen verfügt über eine gute Marktposition und braucht sich vor der Konkurrenz nicht zu fürchten.		
☞ Es gibt gute Gründe, die dafür sprechen, dass das Unternehmen auch künftig profitiert, z. B. von konjunktur- und trendunabhängigen Produkten.		
☞ Die Fundamentaldaten sind überzeugend (niedriges KGV, möglichst unter 25, gute KGV-Entwicklung, Gewinnmarge über 20 %, steigend, zunehmende Umsätze).		
☞ Der langfristige Chart überzeugt mich, weil es einen langfristigen Aufwärtstrend gibt. Auch die GD-200-Linie wird vom Chart nach oben durchbrochen, bzw. zeichnet sich ein solcher Durchbruch bereits ab.		
☞ Die Einstiegs-Gelegenheit scheint günstig, weil ich noch gar nicht in Aktien investiert bin oder weil der gesamte Markt etwas nach unten korrigiert hat oder weil übertriebene Panik für Kursrückgänge gesorgt hat.		
☞ Die Aktie passt gut in mein Depot, da sie zu einer breiten Streuung beiträgt. Sie lässt sich entweder den 80 % Value-Aktien oder den 20 % Wachstumsaktien zuordnen. Zählt sie zu den Wachstumsaktien, informiere ich mich über aktuelle Informationen und Daten der zurückliegenden Geschäftsberichte.		

4.8 Jagdreviere für Fortgeschrittene: Nebenwerte

Wer zu Beginn sein Depot ausschließlich mit Nebenwerten bestückt, geht ein sehr hohes Risiko ein. Nebenwerte besitzen zwar das größte Kurs-Steigerungspotenzial. Umgekehrt können aber schon kleine Schwierigkeiten zu extremen Kurskorrekturen führen.

4.8.1 SDAX

Neben dem DAX und dem MDAX stellt der SDAX gewissermaßen die 3. Liga der deutschen Aktien dar. Doch enthält er immerhin 70 kleine Titel, auch Small Caps genannt.

Aktien-Auswahl »SDAX«	WKN	Dividende 2021e	Kurs 04.02.2022	1-, 3-, 5-Jahres-Performance
Hamborner REIT	A3H233	4,7 %	9,93	+14, +26, +19 %
Fielmann	577220	2,8 %	54,90	-23, -8, -16 %
Jost Werke	JST400	2,0 %	44,50	+1, +49, +59 %
Jenoptik	A2NB60	0,9 %	32,10	+8, +13, +78 %
Verbio	A0JL9W	0,5 %	53,50	+36, +676, +389 %

Quelle: www.finanzen.net, alle Angaben ohne Gewähr

4.8.2 DAXplus Family30

Dieser Index bildet die Entwicklung der 30 größten börsennotierten Familienunternehmen aus dem Prime Standard der Frankfurter Wertpapierbörse ab, bei denen die Gründerfamilie einen mindestens 25-prozentigen Stimmrechtsanteil hat oder in Vorstand oder Aufsichtsrat sitzt und mindestens einen Stimmrechtsanteil von 5 Prozent hält.

Aktien-Auswahl DAXplus Family30	WKN	Dividende 2021	Kurs 04.02.2022	1-, 3-, 5-Jahres-Performance
Bechtle IT-Dienstleister	515870	0,8 %	52,80	-9, +123, +238 %
Carl Zeiss Feinmechanisch-optische Industrie	531370	0,5 %	137,40	+0, +70, +285 %
CTS Eventim Ticketverkauf online	547030	0,1 %	62,80	+22, +69, +97 %
Eckert & Ziegler Nuklear-Medizin	565970	0,3 %	73,10	+19, +214, +1018 %
Nemetschek Software für Architekten und Bauindustrie	645290	0,4 %	81,20	+ 38, +102, +411 %

Quelle: www.finanzen.net, alle Angaben ohne Gewähr

4.8.3 SCALE

Das Mittelstandssegment für junge börsennotierte Firmen am Börsenplatz Frankfurt. Unternehmen, die zum Wachstumssegment SCALE gehören wollen, müssen über zwei Jahre alt sein, ein positives Eigenkapital haben und zudem profitabel wirtschaften. Zudem müssen sie Jahresumsätze ab 10 Millionen Euro und einen Börsenwert ab 30 Millionen Euro nachweisen. Die Vorgaben sind strikt einzuhalten, damit es nicht wieder zu Zuständen wie einst am Neuen Markt kommt. Für mich ist dieses Börsensegment eine gute Fundgrube für Nebenwerte, allerdings finden sich hier auch besonders spekulative und riskante Werte.

Aktien-Auswahl »SCALE«	WKN	Dividende 2021	Kurs in € 18.03.2022	1-, 3-, 5-Jahres-Performance
2G Energy Dezentrale Kraft-Wärme-Kopplung	A0HL8N	0,5 %	119,40	+ 36, +278, +415 %
Cliq Digital Streaming Entertainment Services	A0HHJR	4 %	24,50	-16, +714, + 226 %
Lloyd Fonds Vermögensverwalter, nachhaltige Produkte	A12UP2		10,80	+76, +108, +257 %
Ökoworld etablierter Anbieter ökologischer Fonds	540868	0,9 %	67,80	+30, +355, +544 %

Quelle: www.finanzen.net, alle Angaben ohne Gewähr

Wie bei allen Nebenwerten ist hier Vorsicht geboten. Mit Nebenwerten würde ich niemals starten, sondern sie erst dann ins Depot nehmen, wenn dort schon ein gewisser Grundstock aufgebaut worden ist. Dieses Vorgehen wird auch als Core-Satellite-Strategie bezeichnet, wobei die Nebenwerte dann stellvertretend für die Satelliten stehen, während breit gestreute ETFs das Fundament bzw. den Kern (»Core«) bilden. Manche ETFs tragen sogar (deshalb?) den Begriff Core im Namen.

4.8.4 m:access

Ein weiteres Angebot für mittelständische Unternehmen kommt von der Börse München, der **m:access**. Er stellt weniger Anforderungen an das Unternehmen, fordert aber zum Schutz der Anleger ein höheres Transparenzniveau als der allgemeine Freiverkehr ein.

Quelle: Reimund Bertrams auf Pixabay

Aktien-Auswahl »m:access«	WKN	Dividende 2021	Kurs in € 18.03.2022	1-, 3-, 5-Jahres-Performance
ABO Wind Wind- und Solarpark-Betreiber	576002	1,5 %	58,40	+27, +170 %
Mensch und Maschine Software-Entwickler	658080	1,7 %	59,50	+10, +115, +311 %
Umweltbank Direktbank, die ausschließlich ökologische Kreditprojekte finanziert	557080	1,7 %	16,50	+0 %, +91 %
VIB Vermögen Immobilien-Holding mit Fokus gewerbliche Immobilien	A2YPDD	2,2 %	46,80	+65, +104, +133 %

Quelle: www.finanzen.net, alle Angaben ohne Gewähr

4.8.5 Nebenwerte-ETFs, Auswahl

Da Nebenwerte besonders volatil sind und vor dem Kauf besonders ausführlich analysiert werden sollten, bietet sich hier in besonderem Maße der Griff zu breit gestreuten ETFs an. Das gilt vor allem dann, wenn man nicht so viel Zeit oder Lust hat, gute Nebenwerte aufzuspüren.

In diesem Kontext ist es mir wichtig, darauf hinzuweisen, dass Beate Nebenwerte geliebt hat. Sie hat viel Zeit damit verbracht, aus den weniger beachteten Titeln besonders zukunftsträchtige herauszufischen. Dabei hatte sie in der Tat ein gutes Gespür, denn Werte wie Nemetschek, Rational, Sartorius kaufte sie schon frühzeitig zum Preis von wenigen Euro und hielt sie dann bis zuletzt im Depot. Damals wurden Nebenwerte allerdings auch eher übersehen, da die Mehrzahl der Aktionäre im Gegensatz zu heute fast ausschließlich zu bekannten Aktien großer Unternehmen griff.

Nebenwerte-ETFs				
ETF-Bezeichnung	**WKN**	**TER**	**Performance 18.03.2022 (1, 3 Jahre)**	**Merkmale**
iShares MSCI **World Small Cap** UCITS ETF	A2DWBY	0,35 %	+5, +41 %	Thesaurierend, Inhalt: REITS, Banken, Software-Unternehmen, …
SPDR MSCI **World Small Cap** UCITS ETF**	A1W56P	0,45 %	+5, +41 %	Thesaurierend, Inhalt: REITS, Banken, Software-Unternehmen, …
UBS MSCI **World Small Cap Socially Responsible****	A3CMCT	0,23 %	+1 %, NEU	Thesaurierend, Inhalt: REITs, Banken, Software-Unternehmen, ...

Quelle: justetf.com, alle Angaben ohne Gewähr
**Auf meiner Watchlist, nicht in meinem Depot vorhanden

4.9 Wann ist es Zeit, umzuschichten?

Gerade dann, wenn die Aktien auf breiter Linie nachgeben, stehen die Signale bei mir eher auf Zukauf und nicht auf Verkauf oder Teilverkauf.

Wenn eine Aktie allerdings gegen den allgemeinen Trend langfristig nachgibt, ist es sinnvoll, genauer hinzusehen. Signale für Teilverkäufe sind die folgenden:

- Ich erkenne, dass in bestimmten Branchen Aufwärtstrends einsetzen, wie Gesundheitswesen, Immobilien, Software mit Digitalisierung, Clouding, künstliche Intelligenz. Andere Sparten stagnieren. Dann verkaufe ich einen Teil der bisher gut gelaufenen Papiere, um fair bewertete chancenreiche Titel zu erwerben.
- Um rasch und zielsicher die Initiative ergreifen zu können, nutze ich im Vorfeld seriöse Informationsquellen und ziehe daraus die richtigen Schlüsse.
- Um das Geld für einen augenscheinlich aussichtsreichen Wert aufzubringen, prüfe ich zunächst, ob Gewinnmitnahmen durch Teilverkäufe für das Neuinvestment infrage kommen.

4.10 Optionsscheine und Zertifikate

In sämtlichen Medien wird hartnäckig für sogenannte Zertifikate geworben. Auch wird behauptet, der Anleger könne dadurch in stärkerem Maße profitieren, wenn er zu bestimmten Optionsscheinen greift. Grund genug, sich mit diesen sogenannten Derivaten (»abgeleiteten Wertpapieren«) etwas genauer zu befassen. Ihre Grundlage (»Basiswert« oder »Underlying«) ist stets die Kursentwicklung etwa einer Aktie, eines Index oder eines Rohstoffs. Der Käufer eines solchen Derivats bekommt aber meist nicht genau den Kurs ausgezahlt, sondern das Ergebnis einer Berechnung, die mit dieser Formel durchgeführt wird. Bei einem Hebelzertifikat oder Optionsschein wird die Kursveränderung beispielsweise gehebelt (also vervielfacht). Einerseits lassen sich in der Tat höhere Gewinne erzielen, wenn man davon ausgeht, dass das vom Anleger vermutete Szenario eintritt. Andererseits kann man durch die entsprechenden Zertifikate auch von seitwärts laufenden oder sogar von sinkenden Kursen profitieren. Für mich kommt dennoch ein Zertifikate-Handel unter gewöhnlichen Umständen aus mehreren Gründen nicht in Frage.

- Der größte Gewinner des Zertifikate-Handels steht bereits im Vorfeld fest, nämlich die emittierenden Banken. Ähnlich wie ein Wettbüro verkauft sie gegen Gebühr gleichzeitig Optionsscheine und Zertifikate für verschiedene Szenarien. In der Summe macht sie dadurch Gewinne, was an sich ja nicht verwerflich ist. Aber wie viel Geld sie mit einem Zertifikat oder Optionsschein verdient, wird mir als Anleger nicht transparent gemacht.
- Zertifikate sind Schuldverschreibungen, sie gelten also nicht als geschütztes Sondervermögen. Gleiches gilt für Optionsscheine. Sollte der Emittent pleitegehen, wäre ich nicht vor einem Totalverlust geschützt.
- Während der Laufzeit ist der Verkauf von Zertifikaten mitunter nur mit hohen Verlusten möglich. Bei **Hebelzertifikaten** muss ich in erhöhtem Maße mit einem Totalverlust rechnen. Bei einem dreifachen Hebel bedeutet ein 10-prozentiger Kursrückgang einen Verlust von 30 Prozent. Wer aber glaubt, zu einem Totalverlust käme es dann entsprechend erst bei einem Kursverlust von 33,33 Prozent, der irrt. Denn Hebelzertifikate haben üblicherweise eine Knock-out-Schwelle. Das Zertifikat wird wertlos, wenn der Kurs des Basiswertes diese Schwelle erreicht oder unterschreitet (beziehungsweise bei Hebelzertifikaten, die auf fallende Kurse wetten: überschreitet). Das heißt: Eine heftige Kursschwankung kann dann dafür sorgen, dass das Papier von einer Sekunde auf die andere wertlos wird.
- Auch Optionsscheine haben einen Hebel, aber zumindest keine Knock-out-Schwelle. Das heißt, sie können sich auch wieder erholen, wenn der Kurs wieder in die gewünschte Richtung läuft. Dafür ist der Hebel nicht fix, sondern ändert sich laufend, weil die dahinterstehende Rechenformel nicht gerade transparent ist. Das macht diese Papiere ebenfalls problematisch.

- Viele Produkte sind in ihrer Funktionsweise komplex und vom Namen her irreführend. Ein **Discount-Zertifikat** erinnert an einen Sonderpreis und bietet diesen auch. Aber es verhindert genau das, was ich als Aktionär eigentlich will: Es kappt nämlich alle Gewinnmöglichkeiten oberhalb einer von vornherein definierten Kursschwelle, die sich »Cap« nennt.
- Bei einem **Bonus-Zertifikat** verfällt mein Bonus, wenn die zuvor gesetzte untere Barriere auch nur für einen kurzen Zeitraum unterschritten wird. Diese Form der gebührenpflichtigen Wette halte ich für besonders skurril. Für mich ergibt es keinen Sinn, auf Seitwärtsläufe innerhalb eines vorgegebenen Rahmens zu spekulieren. Kurzfristige Kursschwankungen sind oft irrational und lassen sich mit keiner Anlagestrategie ausschließen.
- Das kurz- und mittelfristige Wetten auf sinkende Kurse bzw. auf wenig stark schwankende Kurse widerspricht meiner Fokussierung auf substanzwertstarke Aktien mit einem langfristigen Anlagehorizont.

Kurz gesagt, der Zertifikate-Handel sollte als das benannt werden, was er meiner Meinung nach im Kern ist: eine spekulative Wette auf Szenarien, die kein Mensch vorhersagen kann, auch nicht auf der Grundlage von umfassendem Wissen, von intensiver Recherche oder durch das Studium von Hintergrundinformationen. Die Behauptung, man könne mit Zertifikaten in jeder Marktsituation gewinnen, verschleiert, dass all diese Produkte so eingestellt und vorberechnet worden sind, dass in erster Linie der Emittent daran verdient und nicht der Zertifikate-Käufer.

Bei einem Casino-Besuch wissen die Besucher vor dem Besuch, dass dort Glücksspiele stattfinden, und dass der Casino-Betreiber letztlich daran verdient. Dann habe ich dagegen auch nichts einzuwenden. Die Komplexität der Produkte erweckt den Anschein, der Zertifikate-Handel sei etwas für Anlage-Profis. Mich erinnert das ein bisschen an das Gebaren meiner Bank, als sie mir damals kein einfach zu durchschauendes (Annuitäten-)Darlehen anbieten wollte, sondern stattdessen versuchte, mich in eine äußerst komplexe Finanzierung mit gleich drei verschiedenen aufeinanderfolgenden Bausparverträgen zu drängen, in der die Kosten völlig intransparent und irreführend aufgelistet worden sind. Im direkten Vergleich wäre die Finanzierung auf Grundlage der Filialbank-Empfehlung ungleich teurer geworden. Aber die Beraterin hätte üppige Provisionen für die Bausparverträge kassiert.

Kapitel 5
Fundamentalanalyse und technische Chartanalyse

Um sich einen Überblick über die Marktstellung eines Unternehmens zu verschaffen, muss man nicht alle Geschäftsberichte gelesen haben. Es ist aber sehr wichtig, sich rasch über fundamentale Daten und deren Entwicklung der letzten Jahre zu informieren. Um eine solide Orientierung zu bekommen, ohne sich mit unnötigen Details zu verzetteln, helfen einige grundlegende Kennzahlen, die bei vielen Brokern und Börsenplattformen im Internet zu finden sind (z. B. bei www.onvista.de oder www.finanzen.net).

5.1 Die wichtigsten Kennzahlen

Um einen unvoreingenommenen Eindruck über die Marktstellung eines Unternehmens zu bekommen, vor allem aber auch, um verschiedene Unternehmen einer Branche besser vergleichen zu können, sind Kennzahlen sehr hilfreich. Dazu sehe ich mir die folgenden Kennzahlen meist etwas genauer an.

5.1.1 Das Kurs-Gewinn-Verhältnis (KGV)

Das KGV ist die wohl wichtigste, bekannteste Kennzahl für die Aktienbewertung. Sie gehört zum Bestandteil jeder Aktienanalyse. Das KGV setzt den Unternehmensgewinn ins Verhältnis zum aktuellen Aktienkurs. Es schafft Klarheit darüber, mit welchem Vielfachen des Jahresgewinns jede einzelne Aktie an der Börse bewertet wird, und macht damit unterschiedliche Branchen, Bereiche und Einzelwerte vergleichbar. Geht es um Kursziele, setzen Analysen dabei auf den erwarteten Gewinn in den kommenden zwölf Monaten. In Krisen- und Umbruchphasen besteht jedoch das Problem, dass die Entwicklung der Unternehmensgewinne in den bevorstehenden ein bis zwei Jahren schwierig zu prognostizieren erscheint. Angenommen, die meisten Konzerne erwarten im kommenden Jahr einen Rückgang um knapp ein Drittel. Anziehende Kurse bei gleichzeitig geringeren Gewinnen führen zu höheren KGV-Bewertungen. Umgekehrt sinkt das KGV bei stabilem Kurs, wenn steigende Erträge zu erwarten sind. Ein KGV-Vergleich ist innerhalb der gleichen Branche aussagekräftig. Dagegen bringt es nur wenig, Autowerte-KGVs mit den KGVs der Biotechbranche zu vergleichen. Zahlreiche Analysten sehen beispielsweise im Jahr 2022 die niedrigen Bewertungen in der Automobilindustrie wegen der hohen Herausforderungen hinsichtlich Elektromobilität und autonomem Fahren kritischer als die hohen Bewertungen beispielsweise bei Amazon, Apple, Alphabet, Adobe, Facebook, PayPal und so weiter. An der Börse wird eben in erster Linie die Zukunft gehandelt und nicht die Gegenwart. Ich rate dennoch dringend dazu, sowohl auf die Kennzahlen zu achten als auch gleichzeitig auf die Möglichkeiten, die sich für das Unternehmen künftig bieten.

5.1.2 Der Buchwert

Wie wichtig es ist, sich Kennzahlen im Verbund mit anderen Finanzzahlen anzusehen, zeigt gerade der Buchwert pro Aktie. Ohne Blick und Rückschluss auf das KGV sagt diese Kennzahl nur wenig aus. Der Buchwert spiegelt die Substanzkraft, die materiellen Werte eines Unternehmens wider, wie beispielsweise Grundstücke und Gebäude, Fuhrpark, Maschinen und Geschäftsausstattung. Die so wichtigen immateriellen Inhalte wie Patente, Erfindungen, Entdeckungen und Innovationskraft werden hier nicht berücksichtigt. Von daher ist es einleuchtend, dass zum Beispiel Immobilienunternehmen oft hohe Buchwerte haben, die kreativen Hochtechnologie- und Biotechunternehmen hingegen eher niedrige.

Im Crash ist es hilfreich, bezüglich niedriger oder hoher Bewertung den Buchwert und den Aktienkurs unter die Lupe zu nehmen. Je deutlicher der Buchwert über dem Börsenwert (sprich der Marktkapitalisierung) liegt, desto niedriger erscheint die Bewertung, was also durchaus ein Argument ist, hier zuzugreifen. Bei einigen niedrig bewerteten Value-Aktien liegt der Buchwert sogar über dem aktuellen Aktienkurs. Trotzdem aufgepasst: Das kann allerdings auch mit einer Kursschwäche in Verbindung stehen, die einer aktuellen Krisensituation Rechnung trägt!

5.1.3 Das Kurs-Buchwert-Verhältnis (KBV)

Auch diese Schätzgröße ist mit Unsicherheiten behaftet. Der Buchwert umfasst, wie gesagt, die Summe aller Vermögenswerte eines Unternehmens abzüglich der Schulden. Das Kurs-Buchwert-Verhältnis ist der Quotient aus dem Kurs einer Aktie und dem Buchwert pro Aktie. Ein Kurs-Buchwert-Verhältnis (KBV) unter 1 besagt, dass eine Firma im Falle einer Liquidation mehr wert wäre, als der Anleger derzeit an der Börse dafür bezahlt. Das KBV »bevorzugt« allerdings Industriewerte mit ihren messbaren Vermögensgegenständen wie Maschinen und Fabrikationshallen. Es benachteiligt Technologiewerte und sollte daher nur brancheninternzum Vergleich genutzt werden.

5.1.4 Das Kurs-Cashflow-Verhältnis (KCV)

Der für die Analyse wichtige Cashflow bezeichnet das Geld, über das ein Unternehmen nach Abzug sämtlicher Ausgaben, Patente und Investitionen verfügt. Für das KCV gilt ebenso wie für das KGV: Je niedriger, desto besser!

5.1.5 Das Kurs-Umsatz-Verhältnis (KUV)

Beim KUV wird die Marktkapitalisierung (der Kurswert aller ausgegebenen Aktien) eines Unternehmens ins Verhältnis mit dessen jährlichem Umsatz gesetzt, auch dieses Verhältnis sollte möglichst klein sein – je nach Branche zum Teil unter 1,5. Die Höhe der Umsätze sagt zwar noch wenig darüber aus, ob das Unternehmen überhaupt Geld verdient oder lediglich wächst, um später Gewinne einzufahren. Jedoch steht fest, dass sinkende Umsätze mittel- und langfristig zum Problem werden. Bei jungen, stark wachsenden Gesellschaften ist ein hoher Umsatzanstieg die Voraussetzung dafür, dass die Firma eine vorübergehende Durststrecke überwindet, Erträge einfährt und damit die laufenden Kredite zurückzahlen kann. Neben der Umsatzentwicklung ist demnach vor allem die Gewinnentwicklung (je Aktie) im Mehrjahres-Vergleich wichtig.

5.1.6 Cashflow und Gewinn

Während sich die reine Umsatzentwicklung noch relativ einfach beziffern lässt, sieht es beim **Cashflow** schon etwas komplizierter aus. Hier werden alle Einnahmen und Ausgaben miteinander verrechnet. Bei den zugeflossenen Mitteln wird unterschieden, ob sie aus der Geschäftstätigkeit oder der Finanzierungstätigkeit stammen, und bei den Ausgaben wird zwischen Investitionen und (Liquiditäts-) Rücklagen unterschieden.

Um die Ertragskraft beziffern zu können, wird das **EBIT** verwendet. Die Abkürzung **EBIT** steht für **E**arnings **B**efore **I**nterest and **T**axes, also Gewinn vor Zinsen und Steuern. Da Zinsen und Steuern von Land zu Land und je nach Betriebsgröße unterschiedlich sind, erscheint es sinnvoll, diese beiden Größen herauszurechnen, um verschiedene Unternehmen besser miteinander vergleichen zu können.

Wird nun dieser Gewinn vor Zinsen und Steuern geteilt durch den erzielten Umsatz, erhält man die **EBIT-Marge**. Diese Kennzahl sagt viel über die Ertragskraft und somit über die Rentabilität eines Unternehmens aus und wird in Prozent angegeben. Je höher dieser Prozentsatz, desto besser, vor allem dann, wenn diese Marge im Verlauf der Zeit ansteigt.

Mögliche Abschreibungen werden im EBIT jedoch noch nicht erfasst, daher nutzt man zusätzlich das **EBITDA** (**E**arnings **B**efore **I**nterest, **T**axes, **D**epreciation and **A**mortization), also den Gewinn vor Zinsen, Steuern und (materielle und immaterielle) Abschreibungen.

5.1.7 Die Dividendenrendite

Ein Aktiendepot kann auf zweierlei Weise wachsen: durch Gewinnmitnahmen und wieder angelegte Dividenden. Dabei legen die meisten Aktionäre auf eine verlässlich steigende Ausschüttung großen Wert. Hierzulande ist es üblich, einmal jährlich auszuschütten, in den USA viermal. Bei gleichbleibender Dividende steigt die Rendite, wenn der Aktienkurs abstürzt. Umgekehrt sinkt sie, wenn sich der Aktienkurs aufwärts bewegt. Beispiele für dividendenstarke Aktien habe ich in Kapitel 8.5 aufgelistet.

5.1.8 Meine 80-20-Regel

Um bei der Auswahl der Aktien eine sinnvolle Mischung aus Chance und Risiko zu finden, hat sich folgendes Verhältnis bewährt:

80 Prozent sehr werthaltiger Aktien (Value)

- KGV im Bereich von 20 bzw. darunter
- Gute KGV-Entwicklung der vergangenen Jahre und als Prognose fürs Folgejahr
- Buchwertstark, d. h. der Buchwert pro Aktie liegt nicht so weit unter dem Kurswert, wenngleich dies sehr abhängig von der Branche ist

20 Prozent »Zukunftsaktien« (Growth)

- Starke Umsatzanstiege in den Vorjahren
- Sehr gute Marktstellung, der Vorsprung gegenüber der Konkurrenz ist nicht so schnell aufzuholen

Bei den ETFs wird das durchschnittliche KGV der enthaltenen Aktien oft angegeben. Die folgende Tabelle zeigt, dass es auch bei den ETFs deutliche Unterschiede gibt.

In den Technologie-ETFs steckt also mehr Growth und in den Indizes der großen Standardwerte mehr Value. Vor allem die ETFs mit dem Fokus auf dividendenstarke Unternehmen zeichnen sich durch ein niedriges KGV und einen hohen Buchwert aus. Sie bieten dafür aber auch weniger Chancen.

Auswahl einiger ETFs nach niedrigem KGV sortiert

ETF	KGV	KBV	WKN	Performance 3 Jahre 17.03.2022
Euro-Dividend	10,44	1,11	A0HGV4	+ 11,9 %
DAX-40	23,88	2,21	593393	+ 21,2 %
MSCI World	26,15	3,33	A0RPWH	+ 49,6 %
MSCI World Factor Quality	27,90	5,74	A12ATE	+ 48,0 %
S&P 500	29,38	4,72	A0YEDG	+ 63,6 %
TecDAX	31,55	3,79	593397	+ 19,6 %
NASDAQ 100	37,40	9,05	A0F5UF	+ 94,3 %

Stand 20.01.2022, Quelle: www.ishares.com

Auch diese Auflistung zeigt, wieso eine gute Mischung aus Value und Growth wichtig ist und man sich nur auf einen Bereich konzentrieren sollte. So brachte beispielsweise der NASDAQ-100-ETF im Jahr 2022 große Kursverluste und hatte das ungünstigste KGV und dennoch konnte er Jahre zuvor besonders stark zulegen.

5.2 Langfristige Chart-Betrachtung

Wenn man einen langfristigen Anlagehorizont hat, braucht man keine allzu ausdifferenzierte Chartanalyse zu betreiben. Viel wichtiger ist es ja, die richtigen, substanzstarken Aktien auszuwählen oder mittelbar mit Hilfe von ETFs ins Depot zu legen. Diejenigen, die mit Ansparplänen ETFs besparen, streuen dadurch zeitlich so stark, dass eine Betrachtung der aktuellen Charts nicht mehr so entscheidend ist.

Beim Kauf, Zukauf oder Teilverkauf einzelner Positionen können jedoch durchaus Signale aus dem Chart-Verlauf berücksichtigt werden. Das gilt für einzelne Aktien meist in noch stärkerem Maße als für ETFs.

Anfang 2022 konnte man eindrucksvoll beobachten, wie einzelne Sektoren (in diesem Fall vor allem »Fintechs« und andere junge Technologie-Unternehmen zurücksetzten, während z. B. die Banken- und Versicherungs-Branche auf breiter Front zulegen konnte.

Um einen guten Eindruck von der Substanz und der Volatilität zu bekommen, interessiert mich ein langfristiger Chart am meisten. Ich sehe mir zunächst den Ein-Monats- und Ein-Jahres-Verlauf an, um danach genauer den 3-Jahres- und 5-Jahres-Chart zu studieren.

Eine Aktie – drei Zeiträume

Bildquelle: www.tagesschau.de/wirtschaft/boersenkurse/de0008232125-9821/

Betrachtet man den 1-Monats-Chart dieser Aktie, dann zeigt sich ein ordentlicher Zuwachs von über 20 Prozent. Ein Kaufsignal?

Bildquelle: www.tagesschau.de/wirtschaft/boersenkurse/de0008232125-9821/

Blickt man weiter zurück, sieht man, dass die Kursentwicklung im zurückliegenden Monat im Gegensatz zu einer längeren Abwärtsbewegung steht.

Ein Blick auf die zurückliegenden fünf Jahre zeigt, dass der Höchststand in diesem Zeitraum schon weit zurückliegt und ungefähr das Dreifache des jetzigen Kurses beträgt.

Quelle: www.tagesschau.de/wirtschaft/boersenkurse/de0008232125-9821/

Die hier gezeigten Charts zeigen den Kursverlauf der Lufthansa-Aktie. Lufthansa war in besonderem Maße von der Corona-Pandemie betroffen. Der Abwärtstrend, der 2018 seinen Anfang nahm, beschleunigte sich daher im März 2020. Die untere Linie von 5 € erwies sich dabei als Widerstand, und der Kurs kann sich nun wieder etwas erholen. Allerdings bleibt das Marktumfeld noch einige Zeit schwierig – und daher habe ich mich bei Betrachtung der Charts entschieden, anderen Aktien aus anderen Branchen den Vorzug zu geben.

5.3 200-Tage-Linie beziehungsweis GD-200 oder MA-200

Die Chartanalyse wird vor allem von Kurzeit-Tradern genutzt, beispielsweise um aus der Über- oder Unterschreitung wichtiger Unterstützungs- und Widerstandslinien Hinweise für den weiteren Kursverlauf zu erhalten. Dies kann allerdings nur kurzfristig gelingen und hat bei einem Anlagehorizont von mehreren Jahren kaum einen nennenswerten Einfluss.

In gewisser Weise bildet die 200-Tage-Linie hier eine Ausnahme. Diese Linie heißt auch GD-200 (gleitender Durchschnitt der letzten 200 Tage) oder SMA 200 (200 Day Simple Moving Average, was die englische Bezeichnung dafür ist). Gerade dann, wenn sie nach oben durchkreuzt wird, scheint dies ein Indiz für einen guten Einstiegszeitpunkt zu sein. Umgekehrt wäre eine deutliche und anhaltende Unterschreitung auch ein mögliches (Teil-)Verkaufssignal.

Allerdings löst ein automatisiertes Kaufen und Verkaufen nach jeder Kreuzung viel zu viele Trades aus und ist vor allem in Seitwärtsphasen, wenn die Abstände zwischen Kurs und GD-200 gering sind, nicht sinnvoll.

Auch wenn eine solche Kreuzung anscheinend unmittelbar bevorsteht, kann dies ein zusätzliches Kaufargument sein.

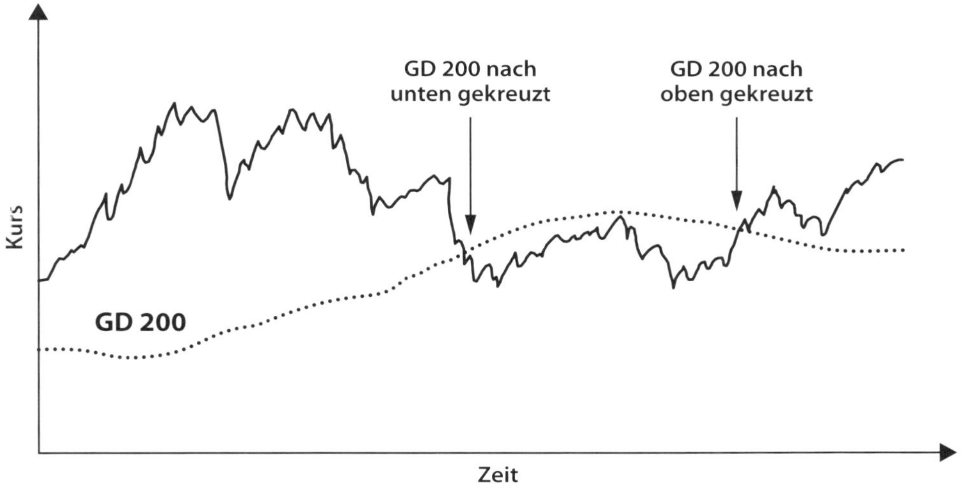

Quelle: Eigene Darstellung

Die Tatsache, dass ausgerechnet die letzten 200 Tage und nicht ein anderer Zeitraum gewählt wird, beruht dabei auf Erfahrungswerten und auf Rückberechnungen anhand der Kursverläufe aus der Vergangenheit.

Man findet diese Linie beispielsweise, wenn man auf www.finanzen.net die Aktie auswählt und beim Chart auf die Optionen und danach auf Chart-Analyse-Tool klickt. Dort kann man schließlich als Indikator den »gleitenden Durchschnitt« eingeben.

Der GD-200 wird in der Charttechnik auch als SMA-200 (Simple Moving Average) bezeichnet, da die 199 vorangegangenen Kurse zum letzten addiert werden, um daraus den Durchschnitt für 200 Tage zu berechnen. Beim EMA (Exponential Moving Average) werden hingegen die jüngsten Kurse stärker gewichtet als die weiter zurückliegenden.

5.4 Unterstützungs- und Widerstandslinien

Wenn man zurückliegende Höchststände mit einer horizontalen Linie verbinden kann, spricht man von einer **Widerstandslinie**.

Da der Kurs zuvor an dieser Linie abgeprallt ist, geht man bei einem erfolgreichen Durchbruch nach oben von einem Kaufsignal aus und erwartet weiter steigende Kurse. Umgekehrt verhält es sich, wenn sich zurückliegende Tiefststände waagerecht verbinden lassen. Dies wird als **Unterstützungslinie** bezeichnet, die, wenn sie nach unten durchbrochen werden sollte, zu weiteren Kursverlusten führen würde.

Lassen sich die zurückliegenden Kursschwankungen mit zwei parallelen, diagonalen Linien begrenzen, spricht man von einem **Trendkanal**, dessen Ausbruch nach oben ebenfalls als charttechnischer Kaufimpuls interpretiert wird, während man bei einem Durchbruch nach unten von einer verstärkten Abwärtsbewegung ausgeht.

Um einen langfristigen Trend erkennen zu können, der dann möglichst nach oben gerichtet sein sollte, wähle ich bei der Chartbetrachtung auch einen langen Zeitraum von fünf oder mehr Jahren.

Ein Durchbruch unter eine Unterstützungslinie führt zwar in der Tat kurzfristig oft zu einem weiteren Rückgang. Da dieser Rückgang seinen Ursprung jedoch nicht vorrangig in schlechten Unternehmensdaten hat, sondern möglicherweise die Folge von sich selbst verstärkenden Abwärtstrends, Angst und Panik ist, überlege ich mir, den oft kurzfristigen, charttechnisch verursachten Einbruch für einen günstigen Nachkauf zu nutzen, vorausgesetzt, es handelt sich um ein substanzstarkes Unternehmen, das in seiner Wettbewerbsfähigkeit keine nachhaltigen Einbußen hinnehmen musste.

Auch der von einer überschrittenen Widerstandslinie ausgehende Push kann für mich zur Überlegung führen, Gewinne mit einem Teilverkauf abzusichern, das gilt vor allem dann, wenn das Kursplus insgesamt schon bei 100 Prozent liegt – und nach einem Teilverkauf der Hälfte der Aktien das Investment bereits »gesichert« ist und die ursprüngliche Gewichtung im Depot wiederhergestellt ist.

Charttechnische Überlegungen können mir dabei helfen, einen guten Einstiegszeitpunkt für den Kauf bzw. Teilverkauf zu finden. Als Langfristanleger lasse ich mich davon aber nicht zu häufigen Transaktionen verleiten.

Kapitel 6
Aktien handeln mit gutem Gewissen

»Über Geld spricht man nicht!?« Als Etikette für gesellschaftliche Begegnungen mag diese Aussage zutreffen, ansonsten stimmt diese Aussage nicht. Ständig und überall wird über Geld gesprochen! Immer dann, wenn es um Löhne und Lohnerhöhungen, um Preissteigerungen oder gestiegene Mietpreise geht, spricht man über Geld. In den Medien beherrscht das Thema Geld einen großen Teil der Schlagzeilen. Besonders gerne und in aller Ausführlichkeit wird dort über die vermeintlich »Reichen« gesprochen, meist im Rahmen einer Neid-Debatte. Dann heißt es zum Beispiel: »Die Reichen werden immer reicher!«

Quelle: nugroho dwi hartawan auf Pixabay

Interessanterweise taucht dann als Begründung für die Reichtums-Vermehrung oft der Gewinn durch Aktien auf, ohne näher darauf einzugehen, wie auch weniger Vermögende mit Aktien-Sparplänen vorsorgen können. Für Menschen, die in prekären Verhältnissen leben, ist dies in der Tat nahezu unmöglich, aber die Behauptung, dass nur die Reichen durch Aktien reich werden können, ist Unsinn, das habe ich in der eigenen Familie erfahren, sprich durch das Wirken meiner Mutter, der Börsen-Oma. Darüber, dass mit zunehmenden Einkünften auch der prozentuale Steuersatz steigt, wird hingegen nur selten berichtet. Ebenso wenig darüber, dass »Reiche« durch Insolvenzen, Unfälle oder andere Schicksalsschläge ihren Reichtum plötzlich verlieren können, weil er meistens im Zusammenhang mit einer hohen Verantwortungs- und Risikoübernahme steht.

6.1 Warum ich als Aktionär ein gutes Gewissen haben sollte

Im privaten Kontext spricht man in der Tat nicht so gerne über Geld. Lieber zeigt man seinen Reichtum indirekt über Statussymbole (Autos, Markenkleidung, Designer-Accessoires etc.). Dieser Status-Druck lastet dabei vor allem ausgerechnet auf Menschen, die finanziell schlechter gestellt sind.

Dabei reicht die Tradition des schlechten Rufs aller Geldgeschäfte in unserer Gesellschaft weit zurück. Schon vor dem Mittelalter war der Geldverleih in vielen Gesellschaften verpönt. Im alten Indien schützte man die Menschen vor Wucher, indem man Höchstgrenzen festlegte. Zinsen dafür zu nehmen, dass man Geld verleiht, war einst im Christentum und ist heute noch im Islam ganz verboten, dennoch nahmen selbst Päpste solche Dienste in Anspruch.[3] Bereits Thomas von Aquin sprach im Mittelalter von der »Zinsnahme als nützliche Sünde«.[4] Trotzdem wurden Menschen, die Geldgeschäfte machten, oft aus der Mitte der Gesellschaft ausgeschlossen.

Als mit der aufkommenden Industrialisierung sozialistische Ideen einen immer stärkeren Zulauf bekamen, wurde der Kapitalismus immer heftiger kritisiert, weil er die Kluft zwischen Arm und Reich verstärke. Doch genau diesen Vorwurf sollte man sich in Bezug auf Aktien genauer ansehen:

Aktien sind vom Wesen her eigentlich genau das Gegenteil einer zunehmenden Kluft zwischen armen Werktätigen und reichen Unternehmern, denn der

---

3 Vgl. Stefan Welzk in: »Nieder mit dem Sparschwein«, Rohwolt Verlag 1999, S. 59.

4 Ebenda, S. 60.

Unternehmer einer AG teilt durch Aktien sein Risiko mit den Anteilseignern, also den Aktionären, auf und lässt sie im Gegenzug an den Gewinnen teilhaben.

Das heißt, der Reiche steckt eben nicht alle Gewinne in die eigene Tasche, sondern er teilt die Gewinne in guten Zeiten und die Verluste in schlechten Zeiten mit den anderen Anteilseignern. Wären alle Mitarbeitenden Aktionäre, käme dies fast schon einer Vergesellschaftung der Unternehmensgewinne gleich.

Wären also alle Mitarbeitenden einer Aktiengesellschaft immer auch Aktionäre, indem sie z. B. einen Teil des Lohnes in Form von Aktien erhielten, dann könnte dies langfristig auch helfen, die Schere zwischen Arm und Reich zu verkleinern. Wenn Menschen mit geringerem Einkommen frühzeitig einen überschaubaren Betrag in einen ETF-Sparplan investierten, hätten auch sie die Chance, langfristig mit großer Wahrscheinlichkeit eine beachtliche Rendite zu erzielen, die klassische Anlageprodukte um Längen übertrifft, da die Gebühren viel geringer sind.

Viele Ressentiments halte ich also für unbegründet und für sachlich falsch. Der historische Bezug reicht noch weiter zurück als in die finsteren Zeiten des Mittelalters. Daher habe **zehn Punkte** ausgewählt, an denen ich zeigen werde, warum man als Aktionär ein gutes Gewissen haben darf – und sogar sollte!

Bei der Umsetzung innovativer Ideen helfen

Ob es um den Abbau von Kunststoffen durch Enzyme oder um Recycling geht: Die Welt braucht schnell Kapital, um mehr Tempo im Kampf gegen Umweltverschmutzung und Klimawandel zu bekommen. Als Aktionär stelle ich einen Teil meines Kapitals dafür zur Verfügung.

Unternehmen global wettbewerbsfähig machen

Gute Ideen allein reichen oft nicht aus. Es bedarf in einer globalisierten Welt oft neuer Investitionen in die Wettbewerbsfähigkeit. Als Aktionär spiele ich eine wichtige Rolle dabei, wenn ein Unternehmen Geld benötigt, um in die Zukunft zu investieren. Gäbe es keine Aktien, müssten sich alle Unternehmen mit Schulden finanzieren und wären von der Kreditvergabe der jeweiligen Banken völlig abhängig.

Über Aktionärsversammlungen die Unternehmenspolitik mitbestimmen

Statt über »die da oben« zu meckern, habe ich als Aktionär die Möglichkeit, durch meine Teilnahme an Aktionärsversammlungen von meinem Rederecht Gebrauch zu machen. Meine Mutter Beate Sander hat dies in großem Stil getan und sich dadurch noch vor der Vermarktung ihrer Bestseller einen Ruf in der Szene erworben.

An Unternehmensgewinnen und an Unternehmensrisiken teilhaben

Immer wieder wird der Vorwurf erhoben, Aktien seien unsozial. Dabei führen Aktien ihrem Wesen nach genau zum Gegenteil! Je mehr Anteile des Unternehmens ich erwerbe, desto stärker bin ich an den Gewinnen, aber eben auch am Risiko des Unternehmers beteiligt. Theoretisch könnte die Kluft zwischen Unternehmern und Arbeitnehmern respektive Arbeitnehmerinnen verhindert werden, wenn alle zugleich Aktien und damit Teile des Unternehmens hätten, für das sie arbeiten.

Durch Kapitalertragssteuern die Gesellschaft unterstützen

Jeder Gewinn und jede Dividendenzahlung wird in Deutschland versteuert, sobald sie den geringen Sparerpauschbetrag von derzeit noch 802 Euro pro Jahr (ab 2023: 1000 Euro) überschreitet. Der Staat nimmt auf diese Weise jedes Jahr riesige Summen von seinen Aktionären ein, die dadurch sozial umverteilt werden.

Altersvorsorge selbst managen: Heute säen, um später zu ernten

Wer sich bei der Altersabsicherung auf die Rentenkassen verlässt, wird später vielleicht eine böse Überraschung erleben. In einer älter werdenden Gesellschaft werden die künftigen Generationen unter einer enormen Abgabenlast stehen, die durch Eigenvorsorge verringert werden kann. Dass die Rentensysteme mit den künftigen Zahlungen überfordert sein werden, lässt sich jetzt schon vorausberechnen.

Durch Kapitalaufbau Lebenspartner oder Familienangehörige absichern

Das angesparte Geld kann der Altersvorsorge dienen. Falls man früher als erwartet verstirbt, sichert es die Angehörigen bzw. die Lebenspartner entsprechend ab. Ich gehe davon aus, dass es mir, wenn es einmal so weit sein sollte, hilft, zu wissen, dass meine Liebsten dann von meinen Ersparnissen etwas bekommen werden.

Quelle: Uwe Sander 2020

Durch Konsumverzicht negative ökologische Auswirkungen verringern

Durch die Aktienanlage verzichte ich als Aktionär auf einen Teil meines verfügbaren Einkommens. Weniger zu konsumieren heißt natürlich auch weniger Ressourcen, und weniger Energie zu verbrauchen und damit auch weniger Treibhausgase zu produzieren. Das wirkt sich letztlich positiv auf meinen ökologischen Fußabdruck aus.

Nachhaltigkeit fördern beziehungsweise ESG-Kriterien voranbringen

ESG, das Kürzel bedeutet »environmental« (umweltverträglich), »social« (sozial) und »governance« (gute Unternehmensführung). Dieses Kürzel ist aus dem Aktien- und ETF-Markt nicht mehr wegzudenken. Immer mehr Anlegende achten auf soziale und ökologische Kriterien bei der Zusammenstellung des Depots. Auch Schummeln durch sogenanntes Greenwashing ist nicht mehr so leicht möglich.

Quelle: Gerd Altmann auf Pixabay (lizenzfrei)

Unternehmen zur Offenlegung ihrer Geschäftspraktiken zwingen

Nach dem Wirecard-Skandal wurden auch auf Druck der Aktionäre die Verpflichtungen zur Offenlegung der Geschäftsberichte verschärft. Gerade diejenigen, die dem Gebaren großer Unternehmen kritisch gegenüberstehen, sollten ein Interesse daran haben, wenn Aktiengesellschaften zu mehr Transparenz gezwungen werden.

Mit dem Fokus auf Nachhaltigkeit in Aktien und ETFs investieren

Wer bereit ist, ins Risiko zu gehen, wird dafür häufig belohnt. Die Teilhabe an einem Unternehmen ist für beide Seiten vorteilhaft. Eine klassische Win-win-Situation. Zudem hat es jeder Anleger selbst in der Hand, die Auswahl der Unternehmen in Einklang zu bringen mit den eigenen Vorstellungen von guter, nachhaltiger und umweltgerechter Unternehmensführung.

Allerdings sind die Kriterien noch schwammig, und sie lassen einen großen Interpretationsspielraum. Konflikte sind da vorprogrammiert. Das hat auch die Fondsgesellschaft und Deutsche-Bank-Tochter DWS zu spüren bekommen, deren angeblich »nachhaltige« Anlageprodukte sich beim genauen Hinsehen als weniger nachhaltig erwiesen.

6.2 Was bedeutet ESG?

Ein echtes, verbindliches und klar definiertes Gütesiegel für nachhaltige Aktien gibt es derzeit noch nicht. Aber allein die Tatsache, dass auf allen Ebenen über Nachhaltigkeit bei der Geldanlage gesprochen wird, zeigt, dass es sich hierbei um mehr als nur einen vorübergehenden Trend handelt. Nachhaltigkeit wiederum beinhaltet mehr als reinen Umweltschutz. Was hat es mit der Abkürzung genau auf sich?

E steht für Environmental – umweltverträglich

Quelle: Tumisu auf Pixabay (lizenzfrei)

Treibhausgase wie CO_2 und Methan führen dazu, dass sich die Atmosphäre immer weiter aufheizt, da sie die eingestrahlte Sonnenwärme »gefangen« halten, was zu weiteren Problemen führt.

Negative Auswirkungen des Klimawandels

- Zunehmende Unwetterereignisse
- Ausbreitung der Wüsten
- Verringerung der Anbauflächen für Nahrungsmittel
- Zerstörung von Lebensräumen vieler Tiere
- Anstieg des Meeresspiegels und Überschwemmungen

Computersimulationen zeigen dabei, dass es offenbar sogenannte Kipp-Punkte gibt. Werden also bestimmte Temperaturschwellen übertroffen, verstärken sich manche Effekte von selbst und die dadurch ausgelöste Katastrophe wäre unumkehrbar. Um das noch verhindern bzw. abmildern zu können, müssen die Treibhausgase schnellstmöglich reduziert werden.

Kriterien zur Einschätzung der Umweltverträglichkeit

- Verringerung der Treibhausgase
- Schadstoffvermeidung
- Energieersparnis
- Ausbau erneuerbarer Energien
- Schutz für die bedrohte Tier- und Pflanzenwelt
- Schutz der Trinkwasservorräte
- Investitionen in den Klimaschutz

Inwiefern nachhaltiges Wirtschaften und ein auf Wachstum orientiertes Wirtschaftssystem miteinander in Einklang zu bringen sind, wird sich zeigen. Auf dem Weg dorthin wird es viele Diskussionen um **offene Fragen** geben:

- Lässt sich ein Wirtschaftswachstum ohne einen zunehmenden Ausstoß von Treibhausgasen realisieren?
- Lassen sich Regulierungen zum Umweltschutz nur global lösen oder bedarf es zunächst lokaler Leuchtturm-Projekte?
- Welche Brückentechnologien sind für welche Zeiträume vertretbar?
- Kann Kernenergie einen Beitrag zum Klimaschutz leisten?
- Kann sich ein rohstoffarmes Land wie Deutschland langfristig so hohe Energiepreise leisten?

S steht für Social – soziale und kulturelle Ansprüche

»Eigentum verpflichtet« – dieser verfassungsmäßige Grundsatz bietet eine erste Orientierung.

Quelle: Bob Dmyt auf Pixabay (lizenzfrei)

Kriterien zur Einschätzung des Begriffes »sozial«

- Arbeitssicherheit
- Gesundheitsschutz
- Diversität
- Gesellschaftliches Engagement
- Inklusion

In vielen Unternehmen wird die Bedeutung einer guten Arbeitsatmosphäre zunehmend auch als Wettbewerbsfaktor verstanden. Das gilt für kleinere Unternehmen oft in noch stärkerem Maße als in Großunternehmen. Doch der steigende Fachkräftemangel zwingt auch so manches Großunternehmen zum Umdenken. Dass auch Menschen, die nicht den traditionellen Normen entsprechen, und Menschen mit Behinderungen zunehmend berücksichtigt werden, bietet dabei auch Chancen. Als exemplarisches Beispiel erwähne ich hier das Programm des deutschen Software-Unternehmens SAP, das 2013 das Programm »Autism at Work«, gestartet hat, um »die besonderen Fähigkeiten und Perspektiven von Menschen mit Autismus zu nutzen«.[5]

G steht für Governance (gute Unternehmensführung)

Um international wettbewerbsfähig zu bleiben, muss das Potenzial der Mitarbeitenden optimal gefördert werden. Dies funktioniert in klassischen Hierarchien oft nur begrenzt. Viele Unternehmen setzen daher auf mehr Eigenverantwortung und mehr Flexibilität ihrer Belegschaft.

Quelle: StartupStockPhotos auf Pixabay (lizenzfrei)

Eine offene Kommunikation ist dabei unabdingbar und wird durch entsprechende Strukturen ermöglicht. Zunehmend werden Aktionen zur Gesunderhaltung angeboten, beispielsweise regelmäßige Yoga-Kurse und autogenes Training. Die Kantinen bieten gesunde Vollwertkost an, denn von einer langfristigen körperlichen und psychischen Gesundheit profitieren letztlich Belegschaft und Unternehmensführung.

---

5 Quelle: https://www.sap.com/germany/about/careers/your-career/autism-at-work-program.html

Kriterien zur Einschätzung von guter Unternehmensführung

- Offensives Bekenntnis des Unternehmens zu Werten wie Nachhaltigkeit
- Offene und vertrauensvolle Kommunikation zwischen Unternehmensführung und Belegschaft
- Möglichkeiten zum Feedback und zum Austausch auf Augenhöhe
- Gleichberechtigung für alle Geschlechter
- Mitsprache- und Mitbestimmungsmöglichkeiten
- Gute Arbeitsbedingungen, Arbeitsschutz und Pläne zur Gesunderhaltung

6.3 Weitere Kriterien für Nachhaltigkeit

Neben dem Begriff ESG ist inzwischen auch häufiger von »SRI« (Socially Responsible Investing) und »Paris aligned« die Rede. Soziale Verantwortung steckt ja bereits in der Definition ESG drin, dennoch ist bei vielen Aktienfonds und ETFs mit dem Kriterium SRI derzeit eine strengere Auslese der Aktien verbunden, wie die folgende Tabelle* zeigt.

Stufe	Label	Kriterien	Anzahl der 1580 Unternehmen des MSCI World, die den Kriterien entsprechen	CO_2-Ausstoß pro 1 Mio. US-$ in einem Jahr
0	ESG-Kriterien sind nicht erwähnt	keine	ca. 1580	131 Tonnen
1	ESG screened	Unternehmen, die Tabak, private Schusswaffen und Energie aus Kohlekraft produzieren, werden ausgeschlossen.	ca.1500	92 Tonnen
2	ESG enhanced	Die Aktien erzielen gute ESG-Ratings.	ca.1300	k. A.
3a	Paris aligned	Die jeweiligen Unternehmen helfen dabei, die Pariser Klimaziele zu erreichen.	ca. 685	k. A.
		ETF: z. B. Amundi MSCI World Climate Paris Aligned WKN A3CWYD, TER 0,25 %		
3b	**SRI** (Socially Responsible Investing)	Gesellschaftlich verantwortliche Kapitalanlage	ca. 370	58 Tonnen
		ETF: z. B. UBS MSCI ACWI Socially Responsible UCITS WKN A2H5CB, TER 0,33 %		

*Die Tabelle wurde auf Grundlage eines Artikels von Tim Kanning aus der FAZ vom 02.11.2021 erstellt, alle Angaben ohne Gewähr.

Ich hoffe sehr, dass die Nachhaltigkeitskriterien künftig eindeutiger definiert werden, um einen Etikettenschwindel zu verhindern. Umgekehrt sollte sich aber auch jeder Einzelne selbst Gedanken darüber machen, wie er Nachhaltigkeit definiert und dazu seinen Beitrag leisten kann. Für mich als Aktionär erscheinen im Kontext der Nachhaltigkeit Einzelaktien oft besser geeignet als ETFs.

6.4 Checkliste nachhaltige Aktien

Zunächst sollte man individuell prüfen, inwiefern die derzeitigen Kriterien von Nachhaltigkeit zur eigenen Denkweise passen. Der Ausschluss von Alkohol und Cannabis-Produkten passt nicht jedem, der sich für den Klimaschutz einsetzt. Auch an der Kernenergie scheiden sich die Geister. In Frankreich wird sie teilweise als klimafreundlich definiert, in Deutschland überwiegt die Ablehnung, da es keine sichere Endlagerung für radioaktive Abfälle gibt. Die folgende Checkliste muss daher individuell angepasst und eventuell ergänzt werden.

Kriterium	erfüllt C	nicht erfüllt D
☞ Keine Treibhausgase, keine Klimaschädlichkeit, Ausgleich für CO_2-Emissionen		
☞ Die Arbeitsbedingungen werden auf soziale Standards hin überprüft.		
☞ Mitspracherechte für die Mitarbeitenden		
☞ Die Unternehmensführung tritt ohne Vorbehalte für den Umweltschutz ein.		
☞ Verzicht auf Gewinne durch Glücksspiel und gesundheitsschädliche Drogen, von denen eine hohe Suchtgefahr ausgeht.		
☞ Das Unternehmen investiert in eine bessere Zukunft.		
☞ Auch die Subunternehmen müssen die ESG-Kriterien umsetzen, und die Lieferketten werden transparent gemacht.		
☞ Die Produkte und die Ziele des Unternehmens orientieren sich am Gebot der Nachhaltigkeit.		
☞ Weitere bzw. andere individuelle Kriterien:		

6.5 Nachhaltige Aktien und ETFs

Das Thema Nachhaltigkeit spielt natürlich auch in meinem Depot eine wichtige Rolle. Der Kampf gegen die Klimaerwärmung war bereits für Beate Sander ein wichtiges Anliegen. Als Anleger habe ich zwar verschiedene Möglichkeiten, in eine bessere Zukunft zu investieren, dabei gilt es jedoch einiges zu beachten.

Da sind zunächst verschiedene Branchen, die eine wichtige Rolle bei der Transformation zu mehr Klimaschutz spielen und dadurch auch ein Wachstum generieren können. Ich denke da neben den erneuerbaren Energien gerade auch an die Kreislaufwirtschaft.

6.5.1 Recycling/Kreislaufwirtschaft

Gerade in einem rohstoffarmen Land wie Deutschland steckt viel Potenzial darin, Edelmetalle und seltene Erden wiederzuverwerten. Erweiterte Rückgabemöglichkeiten für defekte Elektrogeräte sind hier ein erster Schritt. Zunehmend wird sich auch die Frage stellen, wie die riesigen ausgedienten Batterien von Elektroautos wieder aufbereitet werden können.

Quelle: iris bravo auf Pixabay (lizenzfrei)

Auswahl meiner Recycling-Aktien / ETF

Unternehmen	WKN	Kurs 04.02.2022	1-, 3-, 5-Jahres-Performance
Tomra Systems ASA Getränkeflaschen-Rücknahmesysteme	872535	42,60 €	+8, +82, +319 %
Umicore Recycling u. a. von E-Akkus, Spezialchemie	A2H5A3	32,10 €	**-33, -13**, +21 %
Aurubis Recycling von Kupfer	676650	93,40 €	+37, +95, +71 %
ETF zur Kreislaufwirtschaft BNP Paribas Easy Circular Economy Leaders, TER 0,30 %	A2PHCA	15,40 €	+20, +58 %, neu

Quelle: www.finanzen.net, alle Angaben ohne Gewähr

6.5.2 Erneuerbare Energien

Wenn es uns Menschen gelänge, nur einen kleinen Teil der gigantischen Energiemengen, die die Sonne zur Erde schickt, zu nutzen und zwischenzuspeichern, ließe sich unser Energiehunger bereits stillen.

Aber das ist nicht so einfach. Trotz zahlreicher technologischer Entwicklungen und Verbesserungen bleiben die solare Energiegewinnung und vor allem die Speicherung eine große Herausforderung. Die Energiespeicherung und -nutzung mit Hilfe der Wasserstofftechnologie ist noch immer recht teuer und kompliziert.

Auch die Wasserkraft ist nicht unumstritten. Neu gebaute Kraftwerke gehen mit zum Teil erheblichen Eingriffen in die Natur einher und auch bei »Speicher-Seen« regt sich zunehmender Widerstand von Anwohnern, weil diese einen erheblichen Eingriff in die Naturlandschaft darstellen.

Selbst die relativ kostengünstige Windenergie ist zumindest in Deutschland noch immer sehr umstritten. Mit Argumenten wie »Schattenwurf« und »Verschandelung der Landschaften« werden Projekte verzögert und verhindert. Ich bin mir ziemlich sicher, dass nach dem Ausstieg aus der Kernenergie der Druck zunehmen wird, gerade den Ausbau der Windenergie engagierter voranzutreiben, indem beispielsweise die bisher strengen Abstandsvorschriften aufgeweicht werden.

Quelle: PowerPlant auf Pixabay (lizenzfrei)

Weitere Möglichkeiten bestehen in einem Ausbau der Kraft-Wärme-Kopplungssysteme, der Nutzung von Erdwärme und Biogas.

Auswahl meiner Aktien / ETFs im Bereich erneuerbarer Energien

Unternehmen	WKN	Kurs 04.02.2022	1-, 3-, 5-Jahres-Performance
Vestas Dänemark, Windenergie	A3CMNS	22,60 €	-39, +55, +65 %
ABO Wind Dt. Windenergie und Solarparkbetreiber	576002	52,60 €	+9, +143 %, neu
2G Energy, Kraft-Wärme-Kopplung, Dezentrale Energiespeicher	A0HL8N	109,20 €	+12, +300 +372 %
Solaredge Solar-Wechselrichter	A14QVM	210,90 €	-16, +452, +1742 %
VERBIO Biokraftstoffe	A0JL9W	53,50 €	+37, +674, +389 %
NEL ASA Norwegen, Wasserstofftechnologie	A0B733	1,25 €	-60, +109, +582 %

Unternehmen	WKN	Kurs 04.02.2022	1-, 3-, 5-Jahres-Performance
ETF Lyxor World Water ESG Wasserkraft, Wasser-Aufbereitung TER 0,60 %	LYX0CA	53,50 €	+9, +55, +56 %
ETF Lyxor MSCI New Energy[6] ESG Erneuerbare Energien TER 0,60 %	LYX0CB	36,60 €	-19, +70, +91 %

Quelle: www.finanzen.net, alle Angaben ohne Gewähr

6.5.3 Umweltfreundlicher Transport / Eisenbahnen

Auch im Bereich Transport und Mobilität gibt es viele Möglichkeiten, CO_2 einzusparen. Neben den Elektroantrieben spielt hier die Wasserstofftechnologie eine wichtige Rolle. In der Modernisierung der Eisenbahn-Infrastruktur steckt eine weitere gute Möglichkeit, klimafreundlich zu investieren. Gerade in Nordamerika gibt es einige bereits profitable Aktiengesellschaften, die vor allem durch mehr Güterverkehr dazu einen wichtigen Beitrag leisten können. Bessere Bahnverbindungen von Kanada bis nach Mexiko werden derzeit geplant und in Angriff genommen.

Quelle: harrywahidi auf Pixabay (lizenzfrei)

[6] Dieser ETF steht derzeit lediglich auf meiner Watchlist.

Auswahl meiner Aktien im Bereich Transport / Eisenbahnen

Unternehmen	WKN	Kurs 04.02.2022	1-, 3-, 5-Jahres-Performance
Union Pacific Bahn, USA, Güterbeförderung	858144	213,00 €	+24, +2, +111 %
Canadian National Railway Bahn, Kanada, Gütertransport	897879	106,40 €	+22, +47, +67 %
Canadian Pacific Railway Bahn, Kanada, Gütertransport	798292	61,50 €	+5, +72, +123 %
CSX USA, Eisenbahn- und Containerschiffverkehr	865857	30,00 €	+21, +54, +107 %

Quelle: www.finanzen.net, alle Angaben ohne Gewähr

6.5.4 Nachhaltige Finanzdienstleister

Auswahl meiner Aktien im Bereich nachhaltiger Finanzdienstleister

Unternehmen	WKN	Kurs 04.02.2022	1-, 3-, 5-Jahres-Performance
Ökoworld Etabliertes Unternehmen für ökologische Kapitalanlagen	540868	71,80 €	+34, +383, +593 %
UmweltBank Unabhängige Privatbank, die sich laut Satzung zu Umweltschutz verpflichtet hat.	557080	17,50 €	+12, +115, +44 %

Quelle: www.finanzen.net, alle Angaben ohne Gewähr

6.5.5 Weitere Branchen

Bei der folgenden Auswahl habe ich weitere Bereiche aufgeführt, wenngleich ich mir bewusst bin, dass bei der Elektromobilität derzeit noch ein Fragezeichen hinter der Nachhaltigkeit stehen müsste. So ist die Produktion nicht ohne Treibhausgasausstoß möglich und die Frage des Recyclings der riesigen Akkus ist auch noch nicht geklärt.

Auswahl weiterer nachhaltiger Aktien aus meinem Depot

Unternehmen	WKN	Kurs 04.02.2022	1-, 3-, 5-Jahres-Performance
UPM Kymmene Nachhaltige Holzgewinnung	881026	32,40 €	+6, +20, +47 %
Tesla USA, E-Mobilität	A1CX3T	808,00 €	+14, +1388 %, +1590 %
Nio China, E-Mobilität	A2N4PB	20,70 €	-57, +200 %, neu
Carbios Bio-Recycling von Kunststoffen durch die Zersetzung mit Hilfe von Enzymen	A1XA4J	37,90 €	-26, +436, +342 %

Quelle: www.finanzen.net, alle Angaben ohne Gewähr

Auswahl weiterer nachhaltiger ETFs

Die folgende Auflistung zeigt, dass es inzwischen sehr viele ähnliche, aber nicht genau deckungsgleiche Produkte gibt, bei denen jeweils verschiedene Schwerpunkte gesetzt werden. Daher sehe ich mir immer erst das Factsheet des jeweiligen ETFs an, bevor ich ein für mich passendes Produkt auswähle.

ETF, Name und-Gesellschaft	WKN	TER	Kurs 04.02.2021	Kursverlauf 1, 3, 5 Jahre
Amundi World Paris Aligned*	A2P6TP	0,25 %	57,00	+17 %, neu
Amundi World Climate Transition*	A2DR4H	0,25 %	369,00	+16, +59, +77 %
Amundi World SRI*	A2JSDA	0,18 %	80,60	+18, +66 %, neu
iShares MSCI Europe SRI	A1H7ZS	0,20 %	60,11	+15, +49, +65 %
UBS MSCI ACWI SRI (all country) Industrie- und Schwellenländer	A2H5CB	0,25 %	14,00	+10, +54, neu
BNP Paribas Easy[7] **MSCI Emerging Markets SRI** (max. 5 %) (Schwellenländer), synthetisch	A2JRMH	0,30 %	13,60	-1, +10 %, neu

Quelle: www.justetf.com, alle Angaben ohne Gewähr

7 Diese ETFs stehen derzeit auf meiner Watchlist

Kapitel 7
Aktienfonds und ETFs

Neben den ETFs gibt es auch eine Vielzahl von aktiv gemanagten Aktienfonds. Werbewirksam werden solche Produkte von den Fonds-Betreibern und vielen Banken in Szene gesetzt. Im Vergleich sind die ETFs meist wesentlich günstiger, ohne sich bei der Rendite verstecken zu müssen. Ganz im Gegenteil. Da Menschen und von Menschen geschriebene Programme Fehler begehen können, ist es manchmal besser, in die Aktienauswahl gar nicht einzugreifen, als dies emotionsgeladen und unter Stress zu machen.

7.1 Aktienfonds und ETFs im Vergleich

Das folgende einfache Rechenbeispiel vergleicht die Gebühren von Aktienfonds und ETFs bei einer zehnjährigen Laufzeit. Bei Kurssteigerungen wäre der Effekt aufgrund der Dynamik noch ausgeprägter, diese werden hier nicht berücksichtigt, um die Berechnung einfach zu gestalten.

Rechenbeispiel Aktienfonds 10.000 €

Annahme: Der Ausgabeaufschlag beträgt 4 % und die Jahresgebühr (TER) 1,85 %.

Berechnung: 1,85 % * 10 = 18,5 % + 4 % = **22,5 %**

Die Gesamtgebühr beträgt demnach 2250 €.

Sollte der Wert des Fonds steigen, wäre die jährliche Gebühr (TER) und damit die Gesamtgebühr entsprechend noch etwas höher.

Rechenbeispiel ETF 10.000 €

Annahme: Die Jahresgebühr (TER) beträgt 0,12 %.

Berechnung: 0,12 % * 10 + 0 = **1,2 %**

Die Gesamtgebühr beträgt demnach 120 €.
Sollte der Wert des ETFs steigen, wäre die jährliche Gebühr (TER) und damit die Gesamtgebühr entsprechend etwas höher.

Bei diesem Beispiel wären die Gebühren des ETFs auf Zehn-Jahres-Sicht um über 2000 Euro niedriger. Es gibt allerdings auch einige wenige Aktienfonds, darunter auch Mischfonds, für die kein Ausgabeaufschlag verlangt wird und deren jährliche Gebühren (TER) unter 1 % liegen. Vergleiche dazu Kapitel 3.6.

Die einzig richtige Anlage für jeden gibt es nicht. Wer allerdings auf einen (kleinen) Teil seines Einkommens nicht zwingend angewiesen ist, kann das Geld jederzeit langfristig in breit gestreute ETFs anlegen (vgl. Kapitel 7.3). Ich sehe das so: Als Aktionär bekomme ich langfristig eine Art Risiko-Aufschlag, aber nur, wenn ich in Crash-Phasen die Nerven behalte, was mit ETFs leichter geht als mit Einzelaktien. Wenn ich von vornherein annehme, diese Nervenstärke nicht zu haben, bleibt nur ein langfristiger Renditeverzicht durch eine geringere Aktienquote zugunsten renditeschwächerer Investitionen (z. B. Mischfonds) oder einer höheren Cashquote.

Die Vor- und Nachteile der Anlage in Einzelaktien, bzw. in Aktienfonds und ETFs fasse ich in der folgenden Tabelle zusammen.

Vorteile von Aktien ☺	Vorteile von Aktienfonds ☺	Vorteile von ETFs ☺
Bei niedrigen Kursen bietet sich ein **spontaner Zukauf** an. Nach Kursverdopplung ist ein Teilverkauf zu überlegen.	Das Fondsmanagement überprüft die Zusammensetzung und ändert sie bei Bedarf ab. Man braucht sich **um nichts zu kümmern**.	Da der ETF die Indexzusammensetzung widerspiegelt, wird nur selten umgeschichtet. Dies ist ein Hauptgrund für die **niedrigen Gebühren**.
Unternehmen, die einem **»am Herzen liegen«**, können berücksichtigt werden.	Privatanleger nutzen die **Fachkompetenz** von Profis, sparen Zeit, Arbeit und Mühe. Profis machen meist keine Anfänger-Fehler.	Schon zu Beginn der Anlage lässt sich durch passende ETFs eine **breite Streuung** im Depot erzielen.
Ein diversifiziertes Aktiendepot bietet im Crash gute **Umschichtungs-Möglichkeiten** nach der Hoch-Tief-Mut-Strategie.	Mit Spezialfonds lassen sich auch **unbekanntere Märkte** und Branchen abdecken.	ETFs lassen sich bei vielen Direktbanken **kostenlos in Form von Sparplänen ratenweise besparen.**

Nachteile von Aktien ☹	Nachteile von Aktienfonds ☹	Nachteile von ETFs ☹
Jeder Kauf und Verkauf ist durch den Spread mit **Transaktionskosten** verbunden. »Hin und her macht Taschen leer.«	Oft werden **Ausgabe-Aufschläge** von bis zu 5 % und jährliche Gebühren von mehr als 2,0 % berechnet, das mindert die langfristige Rendite stark.	Die **Jahresgebühren** sind meist gering. Bei langfristigen Anlagen können sie dennoch ins Gewicht fallen.
Über Trend-Aktien wird in den sozialen Medien ausführlich berichtet. **Infos über substanzstarke, bodenständige Aktien gibt es weniger häufig.**	Spezialfonds schlagen manchmal den Markt, aber fast nie für mehrere Jahre hintereinander. Die Mehrzahl der Aktienfonds **verliert gegenüber dem Vergleichsindex** (Benchmark).	Manche ETFs **bilden einen Index zumindest teilweise mit Swaps** nach, also einer Art Tauschgeschäft mit einer Bank. Bis zu 10 % ist das erlaubt. Aber das macht den ETF weniger transparent.
Wer unüberlegt viele Einzelaktien ordert, **riskiert** bei fehlendem Wissen und mangelnder mentaler Kontrolle oft viel Geld.	**Die meisten Bankberater kassieren Provisionen**. Sie empfehlen daher voreingenommen Aktienfonds und sind dabei meist nicht unabhängig. Manche solcher Fonds lassen sich nicht selbstständig und direkt handeln.	Die ETFs haben oft komplexe, lange und **unverständliche Namen**. Manchmal werden im Internet auch ETCs oder ETNs als ETF angezeigt, obwohl diese weniger Schutz bieten, da sie nicht als geschütztes Sondervermögen gelten.

7.2 ETFs als Fundament

ETFs haben viele Vorteile. Sie sind kostengünstig, einfach zu ordern und mit einer entsprechenden Auswahl kann man schon zu Beginn der Depotaufstellung das eigene Portfolio breit diversifizieren, was sonst nur über eine Vielzahl verschiedener Einzelaktien und den damit verbundenen Transaktionskosten möglich wäre. Daher habe ich auch bei der Einrichtung der Depots meiner Kinder zunächst das Fundament aus ETFs gebildet, bevor ich sie danach mit Aktien bestückt habe.

Besonders gut geeignet als Fundament sind sogenannte Core-ETFs. Core ist sozusagen das Fundament bzw. der Fels in der Brandung. Gemäß der **Core-Satellite-Strategie**, die sich gut mit der Hoch-Tief-Mut-Strategie kombinieren lässt, lässt man nach einem aufgebauten Depot-Kern (Core) in einem weiteren Schritt auch einzelne Satelliten kreisen, die dann mehr Chancen versprechen, aber auch mehr Risiko beinhalten. Bei mir kreisen beispielsweise zwei kleinere Krypto-Satelliten, aber auch einzelne Nebenwerte-Aktien mit ausgeprägter Volatilität um meine Core-Investments.

Meine Tipps für den Aufbau eines Fundamentes

- Mit besonders **stark diversifizierten ETFs** beginnen! Hier eignet sich z. B. der ACWI (All Country World Index) oder der FTSE All-World mit Tausenden von Einzeltiteln oder eine Kombination aus dem MSCI World und den Emerging Markets im Verhältnis 3:1.

Global ausgerichtete, kostengünstige ETFs (thesaurierend)

ETF-Name	WKN	TER	1-, 3 -Jahres-Performance 17.03.2022
iShares MSCI ACWI (All Country World Index) 2966 Aktien aus Industrie- und Schwellenländern	A1JMDF	0,20 %	+11 %, +44 %
Vanguard FTSE All-World breit gestreut in ca. 4100 Aktien, Large Caps, Mid Caps, Small Caps	A2PKXG	0,22 %	+11 %, neu
Lyxor Core MSCI World ca. 1546 Aktien aus 23 Industrieländern	LYX0YD	0,12 %	+15 %, +49 %
iShares Core MSCI Emerging Markets 3213 Aktien aus Schwellenländern wie China, Taiwan, Indien	A111X9	0,18 %	-7 %, +16 %

Quelle: www.justetf.com, alle Angaben ohne Gewähr

- Auf **globale Streuung** achten! Nimmt man zum Beispiel einen MSCI World-ETF, dann solle man eine kleinere Position (rund ein Viertel) eines Emerging-Markets-ETF beimischen, damit man neben den industrialisierten Ländern, allen voran den USA, auch die Schwellenländer mit ihrem Entwicklungspotenzial ins Depot nimmt.
- Mit **thesaurierenden** ETFs starten! In der Ansparphase benötigt man in der Regel noch keine Ausschüttungen. Stattdessen erscheint es dann sinnvoller, die Dividenden-Einnahmen automatisch in den ETF mit anzulegen. Dann verstärkt sich der Zinseszinseffekt. Thesaurierende ETFs erkennt man daran, dass hinten im Namen ein »A« oder »Acc« (accumulating) steht.
- **Steuerliche Freibeträge** ausnutzen! Wenn man seinen Sparerpauschbetrag nicht ganz ausschöpft, sind hingegen die ausschüttenden ETFs interessant. Diese Freibeträge sollen ab 2023 in Deutschland auf 1000 Euro für Ledige, bzw. 2000 Euro für Verheiratete erhöht werden. Die ausschüttenden ETFs werden meist mit »Dist« oder »D« bezeichnet (für distributing). Ausgeschüt-

tet und auf dem Verrechnungskonto gutgeschrieben werden dann die Dividenden der enthaltenen Aktien – gegebenenfalls mit einem Steuerabzug von ca. 28 Prozent (Abgeltungsteuer plus Solidaritätszuschlag und ggf. Kirchensteuer).

- Auf **günstige Gebühren** achten! Durch den ETF-Boom und die stärker werdende Konkurrenz untereinander sinken die Gebühren der ETFs weiter. Inzwischen gibt es viele ETFs schon für 0,07 Prozent bis 0,25 Prozent TER (Gesamtkosten pro Jahr). Vergleichen Sie dazu auch die Checkliste zur ETF-Auswahl in Kapitel 7.8.
- **Substanzstarke etablierte Aktien beimischen**! Wenn der Grundstein mit mehreren ETFs gelegt ist, dann gebe ich gerne auch die ersten Aktien dazu und beginne mit buchwertstarken Value-Aktien von Unternehmen mit einer besonders starken Marktstellung.
- **In Chargen ordern**! Man weiß nie genau, wann der perfekte Einstiegszeitpunkt ist. Ich sage dann immer: »Jetzt zu beginnen ist auf jeden Fall richtig, damit man im Spiel ist!« Allerdings nehme ich nie das ganze Kapital auf einen Schlag in die Hand, sondern ich verteile es auf mehrere Kaufzeitpunkte. Habe ich plötzlich einen größeren Betrag zur Verfügung, zum Beispiel aus einer Erbschaft, verteile ich das Geld beispielsweise so, dass ich ein Drittel sofort in breit gestreute ETFs gebe und den Rest auf fünf bis zehn Monats-Chargen verteile und dabei ein Fünftel als Cash für besonders ausgeprägte Rücksetzer in der Hinterhand behalte. Dann bin ich sofort investiert, aber zugleich vor irrationalen Kursverläufen abgesichert. Ich bezeichne diese Taktik gerne als zeitliche Streuung. Wer nicht so viel Geld zur Verfügung hat und keine Erbschaft erwartet, der kann mit Hilfe von Sparplänen langfristig am Wirtschaftswachstum teilnehmen und zugleich zeitlich streuen. Das führt zumindest in den Anfangsjahren dazu, dass man bei einer schlechten Kursentwicklung entspannt bleiben kann, weil man dadurch ja größere Anteile des betreffenden ETFs eingebucht bekommt.

7.3 ETF-Sparpläne

Manche Direktbanken und einige Neobroker bieten Sparpläne auf ETFs kostenlos an. Auf diese Weise können ETFs monatlich oder auch in anderen Zeitintervallen angespart werden. Auf diese Weise ließen sich z. B. bei einer Anlage im DAX bisher langfristig Renditen von 8 bis 12 Prozent erzielen. Zieht man davon die bisherigen langfristigen Inflationsraten von ca. 2 bis 4 Prozent ab, bleibt immer noch ein deutlicher Wertzuwachs übrig. Die Indizes der USA (Dow Jones, S&P 500, …) erzielten dabei in den letzten Jahrzehnten trotz der zwischenzeitlichen Einbrüche durchschnittlich noch höhere Renditen als die deutschen bzw. europäischen.

Das folgende Rechenbeispiel zeigt den langfristigen Zinseszinseffekt, ausgehend von der Annahme, dass man 25 Jahre lang monatlich 500 Euro spart und damit eine durchschnittliche jährliche Rendite von 8 Prozent erzielt. Hat man zu Beginn des Ansparens noch zusätzliches Grundkapital zur Verfügung, wirkt sich das entsprechend positiv auf den Zinseszinseffekt aus.

Jahr der Ansparphase	Getätigte Einzahlungen in €	Guthaben zum Jahresende in €
1	6.000	6.260
2	12.000	13.020
3	18.000	20.322
4	24.000	28.208
5	30.000	36.725
10	60.000	90.686
15	90.000	169.972
20	120.000	286.470
25	150.000	457.643
30	200.000	709.153

Eigene Berechnungen, ohne Gewähr

Bei einer so langfristigen Geldanlage sieht man besonders deutlich, wie der Zinseszinseffekt durchschlägt. Nach zehn Jahren hat man bereits gut 90.000 Euro angespart, obwohl lediglich 60.000 Euro eingezahlt worden sind. Nach 20 Jahren werden nach dieser Berechnung aus den eingezahlten 120.000 Euro sogar rund 286.000 Euro.

In diesem Zusammenhang ist es natürlich ganz wichtig, darauf hinzuweisen, dass solche Renditeprognosen aufgrund der bisherigen langfristigen Erfahrungen der letzten Jahrzehnte gemacht werden. Die Renditeentwicklung unterliegt dabei enormen jährlichen Schwankungen, die man in Kauf nehmen muss und vor denen man sich auch nicht effektiv schützen kann, ohne auf einen erheblichen Teil der Rendite zu verzichten. In diesem Zusammenhang empfehle ich, die Renditedreiecke des Deutschen Aktieninstitutes (www.dai.de) genauer zu studieren, bei denen der Zeitraum der zurückliegenden 50 Jahre betrachtet wird.

Das angezeigte Guthaben ist zwar noch nicht inflationsbereinigt, allerdings hat sich in der Vergangenheit gezeigt, dass bei einer höheren Inflation vor allem die Aktien substanzwertstarker Unternehmen mit einem gewissen zeitlichen Verzug ebenfalls stärker anziehen. Unternehmen mit einer guten Marktstellung können höhere Preise meist an die Endverbraucher weitergeben, ohne Umsatzeinbußen befürchten zu müssen.

7.4 ETFs nach Indizes

Die einfachste Möglichkeit, einen ETF aufzulegen, besteht darin, einen Index nachzubilden.

Im Deutschen Aktienindex (DAX) sind derzeit die 40 wertvollsten Aktiengesellschaften enthalten, die an der Frankfurter Börse gelistet sind. Das müssen nicht zwingend Unternehmen mit dem Stammsitz in Deutschland sein (Beispiel Linde). Umgekehrt sind auch einige deutsche Unternehmen an der NASDAQ in den USA gelistet (Beispiel Biontech).

Wenn ich nun einen ETF auf dem DAX besitze, werden die entsprechenden Veränderungen im DAX (z. B. Zusammensetzung, Gewichtung der Einzelunternehmen) entsprechend nachgebildet.

Bei den meisten ETFs werden die einzelnen Aktien entsprechend ihrer Marktkapitalisierung unterschiedlich gewichtet. Daher sind die Aktien mit hohem Börsenwert entsprechend stärker gewichtet als Aktien mit niedrigem Börsenwert.

Besonders beliebt sind folgende ETFs auf die folgenden Indizes:

- **DAX-40** (Deutschland, enthält die 40 am stärksten marktkapitalisierten Aktien, die an der Frankfurter Börse gelistet sind)
- **S&P 500** (USA, enthält die 500 größten börsennotierten US-amerikanischen Unternehmen)
- **NASDAQ 100** (USA, enthält die 100 Aktien der NASDAQ-gelisteten Nicht-Finanzunternehmen mit der höchsten Marktkapitalisierung, darunter vor allem Technologie-Werte)
- **STOXX Europe 50** (Europa, enthält die 50 größten europäischen AGs, auch außerhalb der Europäischen Union)

Daneben lassen sich zahlreiche weitere Indizes besparen, darunter auch der MDAX, der SDAX aus Deutschland sowie zahlreiche internationale Indizes.

Da ich in meinem Depot bereits viele Aktien aus den großen Indizes ausgewählt habe, spielen Index-ETFs für mich persönlich derzeit keine Rolle. Zudem hat sich am Anfang des Jahres 2022 gezeigt, dass viele Technologiewerte, die jahrelang besonders wachstumsstark waren, besonders stark nachgegeben haben. Gerade beim TecDAX und dem NASDAQ-100 scheint also ein erhöhtes Klumpenrisiko vorzuliegen. Das ist auch ein Grund, warum in meinem Depot keine ETFs auf einzelne Indizes vorhanden sind.

7.5 ETFs nach Regionen

Die derzeit beliebtesten ETFs, allen voran der MSCI World, setzen einen klaren Schwerpunkt auf die großen Technologiewerte aus den USA. Dort wurden in den letzten Jahren und Jahrzehnten auch besonders hohe Renditen erzielt. Aber das muss nicht immer so bleiben. Wenn man die Kurszuwächse der vergangenen Jahre mit den Unternehmensgewinnen vergleicht, fällt auf, dass die Kurse dort stärker gestiegen sind als in anderen Regionen der Welt. Im Vergleich zur USA scheint man auch in Deutschland und in Europa viele fair bewertete Aktien finden zu können.

Eine besondere Rolle spielt hier die Schweiz. Viele Unternehmen aus der Schweiz sind auch aufgrund der Spezialisierung international wettbewerbsfähig, obwohl in der Schweiz hohe Löhne gezahlt werden.

Viele substanzstarke Unternehmen punkten zudem mit einer etwas niedrigeren Volatilität. Da Einzelaktien aus der Schweiz meist nicht ganz billig zu ordern sind, kann man mithilfe eines ETFs eventuell sogar Kosten sparen.

Neben den hoch-industrialisierten Ländern lohnt auch ein Blick auf die sogenannten Schwellenländer. Darunter finden sich auch solche, bei denen die wirtschaftlichen Fortschritte in letzter Zeit in der westlichen Welt gar nicht so stark ins Bewusstsein gedrungen sind. Als Beispiele dafür fällt mir vor allem Indien ein. Dort gibt es riesige Technologie- und Industrie-Unternehmen mit zum Teil mehreren hunderttausend Mitarbeitenden. **Indien** gilt als die größte Demokratie auf der Welt und wird mutmaßlich auch bald China als bevölkerungsreichstes Land ablösen. Gerade mit Blick auf die derzeitigen Probleme in China könnte Indien künftig noch interessanter werden, auch wenn es dort gerade in den ländlichen Bereichen zum Teil noch bittere Armut und patriarchale Bevormundung gibt.

Auch in **Vietnam** geht es zumindest in wirtschaftlicher Hinsicht seit einigen Jahren bergauf. Neben dem Ölsektor bekommen dort die Textilindustrie und der Tourismus eine zunehmende Bedeutung.

In wirtschaftlicher Hinsicht finde ich auch **Saudi-Arabien** interessant. Natürlich sehe ich die islamisch-konservative Ausrichtung des Wahhabismus kritisch. Bei Saudi-Arabien lohnt sich aber eine differenzierte Betrachtung. Einerseits sitzen noch immer Regimekritiker im Gefängnis, aber neben den negativen Schlagzeilen findet dort derzeit vorsichtige »Modernisierung« der Gesellschaft statt. Kronprinz Mohammed bin Salman hat dies eingeleitet und er ist an einer Öffnung zum Westen interessiert. Deutschland ist dabei ein wichtiger Handelspartner. Da der enorme Reichtum, der bisher vor allem auf der Förderung von Erdöl beruhte, endlich ist, schlägt man dort auch in wirtschaftlicher Hinsicht neue Wege ein. In diesem Zusammenhang bekommt auch die Nachhaltigkeit ein höheres Gewicht und es wird in klimaneutrales Wohnen und in solare Energieerzeugung investiert. Solange dieser Weg weiter beschritten wird, halte ich das Investment in einem ETF für vertretbar. Aber das muss natürlich jeder für sich selbst entscheiden.

Meine ETFs nach Regionen

Region	ETF-Name	WKN	TER	1-, 3 -Jahres-Performance 04.02.2022
Europa	Lyxor Core STOXX Europe 600	LYX0Q0	0,07 %	+17 %, +40 %
Europa	Amundi MSCI Europe SRI	A2JSDC	0,18 %	+14 %, +48 %
Schweiz	Amundi MSCI Switzerland	A2H57A	0,25 %	+16 %, +52 %
Indien	iShares MSCI India	A2AFCY	0,65 %	+23 %, +53 %
Vietnam	Xtrackers Vietnam SWAP	DBX1AG	0,85 %	+26 %, +48 %
Saudi-Arabien	iShares Saudi Arabia	A14ZV2	0,60 %	+56 %, neu

Quelle: www.justetf.com, alle Angaben ohne Gewähr

7.6 ETFs nach Branchen

In letzter Zeit erfreuen sich viele ETFs großer Beliebtheit, bei denen Unternehmen zusammengefasst werden, die eine besondere Branche repräsentieren. Solche ETFs sind ideal, um Lücken im Depot zu schließen. In meinem Depot befanden sich beispielsweise nur einige wenige Aktien aus dem zukunftsträchtigen Bereich der Internetsicherheit (Cyber Security bzw. Digital Security). Wenn man dauerhaft mit einer höheren Inflation rechnet oder gar Angst davor hat, dann kann man sich beispielsweise mit einem Finanzwirtschafts-ETF entsprechend aufstellen und dann gemeinsam mit den Banken langfristig von steigenden Zinsen profitieren.

Und anstatt mir einen Goldbarren unters Bett zu legen, halte ich es für wesentlich sinnvoller, mit Hilfe eines Rohstoff-ETFs an einem möglichen Wertzuwachs von Rohstoffen zu partizipieren, ohne diese dem wirtschaftlichen Kreislauf zu entziehen.

Bei physischem **Gold** ist das ein zunehmendes Problem. Durch den wachsenden Drang nach physischem Gold als vermeintlichem Inflationsschutz wird die Knappheit dieses Edelmetalls, das auch für zahlreiche technologische Anwendungen benötigt wird, weiter verschärft.

Quelle: Nawalescape auf Pixabay (lizenzfrei)

Ein Goldbarren mag vielleicht toll aussehen und einen beständigen Wert repräsentieren, aber bei genauer Betrachtung wird man feststellen, dass der Goldpreis ebenso wie Aktienkurse großen Wertschwankungen unterworfen ist. Vor allem performt Gold langfristig gesehen nicht besser, sondern schlechter als Aktien.

Die folgenden ETFs sind entweder schon in meinem Depot oder sie stehen auf meiner aktuellen Watchlist:

Branche	ETF-Name	WKN	TER	1-, 3 -Jahres-Performance 04.02.2022
Internetsicherheit	iShares Digital Security	A2JMGE	0,40 %	+3, +51 %
Kreislaufwirtschaft	BNP Paribas Circular Economy Leaders	A2PHCA	0,30 %	+20, +58 %
Erneuerbare Energien	Lyxor MSCI Water ESG	LYX0CA	0,60 %	+9, +55 %
Rohstoffe, Europa	iShares STOXX Europe 600 Basic Resources	A0F5UK	0,46 %	+20, +38 %
Rohstoffe, Minen, global	VanEck Vectors Global Mining	A2JDEJ	0,50 %	+18, +68 %
Finanzwirtschaft	Xtrackers MSCI World Financials	A113FE	0,25 %	+18, +68 %
Immobilien	SPDR Dow Jones Global Real Estate	A1J3PB	0,40 %	+23, +9 %
Gesundheitswesen	Xtrackers MSCI World Health Care	A113FD	0,25 %	+15, +48 %

Quelle: www.justetf.com, alle Angaben ohne Gewähr

7.7 Dividendenstarke ETFs, ausschüttend

In dividendenstarken ETFs sind Aktien enthalten, die zwei Vorteile miteinander verbinden. Zum einen sind es überwiegend substanzstarke Unternehmen, die regelmäßig Dividenden ausschütten, und zum anderen ist durch Dividenden eine regelmäßige Geldentnahme möglich, ohne den Depotbestand zu reduzieren. Hier sind ein paar Beispiele für ausschüttende Dividenden-ETFs:

Dividendenstarke ETFs, Beispiele				
Anbieter, Name	**WKN**	**Dividenden-Rendite (Durchschnitt letzte 3 Jahre, gerundet)**	**TER**	**1-, 3 -Jahres-Performance 17.03.2022**
Vanguard FTSE All-World High Dividend	A1T8FV	ca. 3,6 %	0,29 %	+10, +16 %
iShares Euro Dividend, 30 Titel aus Europa	263528	ca. 3,6 %	0,31 %	-4, -12%
iShares European Property Yield (Immobilien, Europa)	A0HGV5	ca. 2,5 %	0,40 %	+5, -2 %

Quelle: www.justetf.com, alle Angaben ohne Gewähr

Obwohl die Dividenden natürlich nicht garantiert sind und daher schwanken können, lässt sich ein zu erwartender Dividenden-Kapitalertrag ausrechnen. Bei einer Anlagesumme von 100.000 Euro ließen sich bei einer Dividende von 3,6 Prozent ungefähr 3600 Euro jährlich bzw. 300 Euro monatlich an Dividenden erzielen, die dann gegebenenfalls teilweise noch versteuert werden müssten. Darüber hinaus kann dann in vielen Jahren mit einem Kursanstieg gerechnet werden.

7.8 Faktor-ETFs

In letzter Zeit nimmt auch das Interesse an Faktor-ETFs zu. Die Idee, aus den vielen Einzelaktien nach bestimmten Vorgaben bestimmte Aktien herauszufiltern, erscheint durchaus plausibel, auch wenn die Streuungsbreite dadurch etwas reduziert wird. Für ängstliche Neueinsteiger ist ein Mini-Volatilitäts-ETF vielleicht ein guter Einstieg, wenn bislang ein Investment aus Angst vor zu großen Kursschwankungen gescheitert ist.

Persönlich halte ich die Faktoren Qualität und Größe für besonders interessant. So sehe ich in einem Small Cap ETF eine ideale Ergänzung zu dem ansonsten sehr breit gefächerten ACWI-ETF (All Country World Index) mit seinen Tausenden von Einzeltiteln oder verglichen mit dem MSCI World. Denn unter den Small Caps sind viele kleinere, teilweise auch familiengeführte Unternehmen zu finden, die in bestimmten Marktphasen besonders gut performen. Je nach Betrachtungszeitraum haben Small Caps sogar eine höhere Rendite als Large Caps erzielen können. Jeder Filter bedeutet immer auch einen Ausschluss, und da in den Märkten viele irrationale Einflüsse vorherrschen, besteht darin auch ein Problem.

Faktor-ETFs, Beispiele			
Faktor	**Erklärung, Vor- und Nachteile**	**Beispiel-ETFs, WKN TER**	**1-, 3-Jahres-Performance 04.02.2022**
Mini-Volatilität, schwankungsarm	Beständige, substanzstarke, konjunkturunabhängige Unternehmen werden hier bevorzugt. In Wachstumsphasen ist dies mit einem Renditeverzicht verbunden.	**iShares Edge MSCI World Minimum Volatility** A1J781 0,30 %	+14, +29 %
Value, Wert	Hoher Buchwert, niedriges KGV. Besonders wachstumsträchtige Unternehmen werden ausgeblendet, dafür zeigen sich Value-ETFs, insbesondere europäische, auch etwas krisenfester.	**iShares Edge MSCI World Value Factor** A12ATG 0,30 % **iShares Edge MSCI Europe Value Factor** A12DPP 0,25 %	+21, +28 % +27, +35 %
Qualität	Hohe Eigenkapitalrendite, eine geringe Fremdkapitalquote und stabile Erträge, aber auch USA-lastig. Junge Unternehmen werden ausgeschlossen.	**Xtrackers MSCI World Quality Factor** A1103D 0,25 %	+18, +58 %
Momentum, Trendfolge	Positiver Kurstrend in der Vergangenheit. Dies funktioniert nicht in allen Marktphasen	**iShares Edge MSCI World Momentum** A12ATF 0,30 %	+25, +87 %
High Dividend, dividendenstarke Unternehmen	Dividendenstarke Unternehmen strahlen mehr Sicherheit aus. Sie wachsen in der Regel aber auch langsamer.	**Vanguard FTSE All-World High Dividend** A1T8FV 0,29 %	+6, +62 %
Multi-Faktor	Kombination aller Faktoren. Die Gebühren sind etwas höher.	**iShares Edge MSCI World Multifactor** A14YPA 0,50 %	+16, +39 %
Size, Größe z. B. Small Caps	Kleine Unternehmen entwickeln sich langfristig oft besser, schwanken aber auch stärker.	**iShares MSCI World Small Cap** A2DWBY 0,35 %	+5, +40 %
Nachhaltigkeit (ESG, SRI)	Die Kriterien der Nachhaltigkeit spielen eine immer wichtigere Rolle. Die Begriffsdefinitionen sind immer noch schwammig.	**iShares MSCI USA SRI** A2AFC0 0,20 %	+23, +87 %

Quelle: www.justetf.com, alle Angaben ohne Gewähr

7.9 Checkliste für die ETF-Auswahl

In der folgenden Checkliste fasse ich die wichtigsten Punkte zusammen, die dabei helfen können, den passenden ETF zu finden.

ETF-Kriterium	Erfüllt	Nicht erfüllt
☞ **Niedrige Gebühren** Die TER beträgt weniger als 0,3 % bei Index-ETFs bzw. weniger als 0,6 % bei Branchen-ETFs.		
☞ **Bekannter ETF-Anbieter** Der Emittent ist bekannt und etabliert.		
☞ **Gute Performance** Die langfristige Performance der letzten drei bzw. fünf Jahre ist überzeugend.		
☞ **Geringere Volatilität** Die Kurschwankungen der vergangenen Jahre sind nicht extrem ausgeprägt.		
☞ **Marktkapitalisierung** Der ETF hat bereits eine Marktkapitalisierung von mehr als 300 Mio. €.		
☞ **Hilfreicher Factsheet** Ich erfahre Details über die Zusammensetzung des ETFs, und die großen Einzelunternehmen sind vertrauenswürdig.		
☞ **Breite Streuung** Der ETF enthält mehr als 30 Einzeltitel, die sich nicht in allen Bereichen (Branche, Größe, Region) ähneln.		
☞ **Depot-Bereicherung** Der ETF enthält überwiegend Aktien, die nicht schon in anderen ETFs enthalten sind, und er ergänzt mein Depot bzw. schließt eine Lücke bzw. eignet sich als Zukauf, um bestehende Positionen auszubauen.		
☞ **Passende Ausschüttung** Wenn ich mit dem ETF Kapital ansparen will, ist die thesaurierende Variante (Acc) sinnvoll, ansonsten greife ich zum ausschüttenden ETF (Dist).		

7.10 Weitere ETPs

Neben den aus Aktien bestehenden ETFs gibt es noch weitere Produkte, die als passiv gemangte Wertpapiere über viele Broker handelbar sind. Zusammenfassen lassen diese sich als Exchange Traded Products (börsengehandelte Produkte). Sie unterscheiden sich deutlich von ETFs, daher gibt es einiges zu beachten:

ETCs (Exchange Traded Commodities = Börsengehandelte Rohstoffe)

Ein ETC gilt im Gegensatz zum ETF nicht als geschütztes Sondervermögen, sondern als Zertifikat und damit als Schuldverschreibung. ETCs können, müssen aber nicht zwangsläufig physisch unterlegt sein. Üblich ist dies nur bei Edelmetallen. Zu den Rohstoffen zählen Industriemetalle bzw. Edelmetalle wie Gold, Silber, Lithium, Kupfer, Platin und Palladium. Daneben gibt es auch ETCs auf andere Grundstoffe.

Die Emittenten sind mitunter etabliert und namhaft. Die Gebühren sind teilweise moderat. Für physisch hinterlegtes Gold zahlt man teilweise »nur« 0,12 Prozent TER pro Jahr.

ETNs, und hier speziell Krypto-ETNs

Ursprünglich dienten ETNs zur Spekulation mit anderen Währungen. Inzwischen werden dazu manchmal auch die Kryptos gezählt. Krypto-»Fonds« werden daher zurzeit sowohl ETNs als auch ETPs genannt. Um Fonds im klassischen Sinne handelt es sich nicht. Denn im Gegensatz zu den ETFs handelt es sich bei der Anlage nicht um geschütztes Sondervermögen. Sollte der Emittent pleitegehen, droht ein Totalverlust. Allerdings mischen inzwischen auch etablierte Emittenten mit. Beachten sollte man auf alle Fälle auch die Gebühren, die bei Kryptowährungen deutlich höher sind als bei ETFs. Die Spanne der jährlichen Gebühren reicht derzeit von 0,95 Prozent bis 2,50 Prozent.

Kapitel 8
Aktien auswählen

Um gleich zu Beginn des Investments über genügend breite Streuung im Depot zu verfügen, eignen sich die entsprechenden ETFs ideal. Wer auf ETFs verzichtet, benötigt ein gewisses Grundkapital, um mit Aktien ohne Klumpenrisiko starten zu können. Denn als Ordergröße empfiehlt sich ein Mindestvolumen von 1000 Euro. Wer sich also beispielsweise 20 Einzelaktien ins Depot legen möchte, muss dann schon mit 20.000 Euro einsteigen.

8.1 Mit einem guten Fundament starten

Den Aufbau meines Portfolios begann ich mit Aktien, die verschiedenen Regionen und Branchen entstammen und die über gute Kennzahlen (KGV um/unter 20, KBV, Gewinnentwicklung, ...) gemäß meiner 80-20-20-Regel verfügen. 80 Prozent der Aktien sind Value-Werte, bei denen das KGV meist unter 20 liegt. Die restlichen 20 Prozent sind Wachstumswerte. Damals gab es allerdings noch eine deutlich kleinere Auswahl an ETFs.

Heutzutage würde ich erst mit einem breit gestreuten ETF wie dem ACWI (All Country World Index, vgl. Kapitel 7.2) oder dem FTSE All World starten und das Depot dann weiter mit Einzelaktien bestücken. Bei geringerer Risikoneigung kann dieser ETF auch mit Mischfonds, der neben Aktien auch Anleihen, meist Staatsanleihen, enthält, kombiniert werden.

Eine weitere Ergänzung bei höherem Sicherheitsbedürfnis kann auch direkt durch die Ergänzung um ETFs auf Rentenindizes erfolgen (z. B. IBOXX Euro Overall Index, der die Renditen von Euro-Anleihen unterschiedlicher Laufzeiten und Bonitäten berücksichtigt).

An der Preisentwicklung von Rohstoffen kann man mit einem entsprechenden Rohstoffindex (z. B. S&P GSCI Commodity Total Return Index) direkt teilhaben. Um im Rohstoffbereich investiert zu sein, ist mir persönlich allerdings der indirekte Weg über Aktien und ETFs rohstofffördernder Unternehmen lieber als das Wetten mithilfe von ETCs oder sogenannten Futures (Terminkontrakte).

Eine ausreichend hohe Cashquote lässt mir die Möglichkeit, in Zeiten zurückgehender Kurse nachzukaufen.

Aufbauend auf dem Fundament, das bei mir aus ca. 20 Prozent Cash besteht, greife ich zunehmend zu substanzstarken Aktien, die dann durch chancenreiche Wachstumsaktien ergänzt werden. Meine angestrebte Portfolio-Verteilung lässt sich mit einem Haus vergleichen, bestehend aus Fundament, Wohnbereich und Dach.

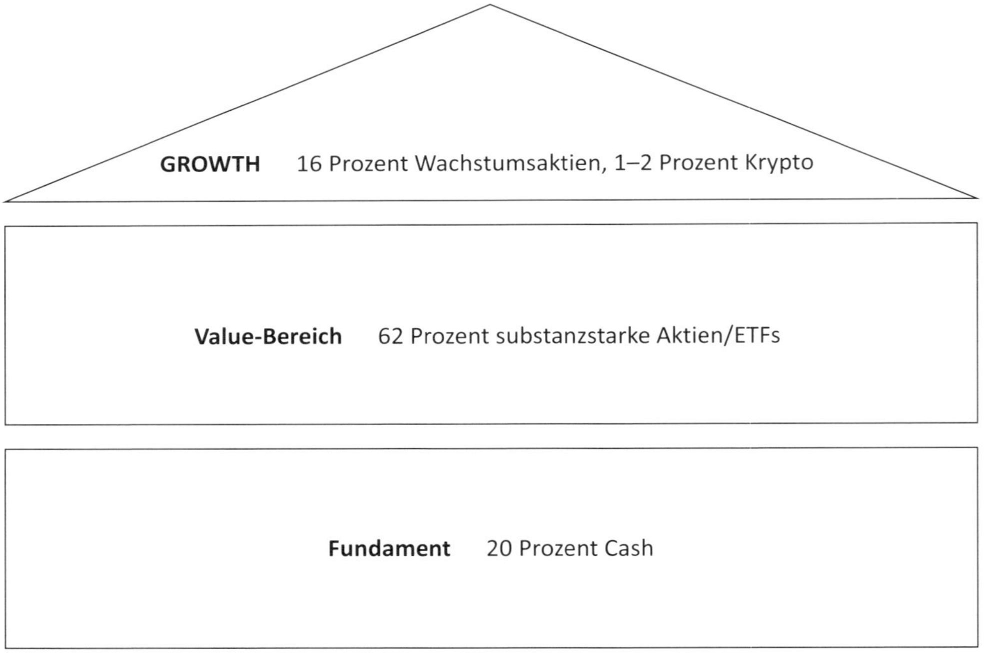

Genauere Informationen zur aktuellen Zusammensetzung meines Depots, sortiert nach Regionen und Branchen, finden Sie unter 8.7 »Mein Portfolio-Management«.

8.2 Aktien-Auswahl nach Regionen

Um eine gute Ausgewogenheit zu erzielen, ordne ich meine Depottitel Regionen und Branchen zu, wie die folgenden Auswahllisten mit jeweils 20 Aktien zeigen. Die Mehrzahl der Aktien weist dabei ein relativ niedriges KGV auf, es sind aber auch ein paar chancenreichere Growth-Aktien dabei.

Region	AG	WKN	KGV 2021	Kurs in € 18.03.2022	1-, 3 -Jahres-Performance 18.03.2022
USA, Kanada	Apple	865985	21,9	149,00	+46, +258 %
	Union Pacific	858144	25,5	237,00	+32, +61 %
	Microsoft	870747	34,0	271,00	+39, +162 %
	Royal Bank of Canada	852173	8,2	101,00	+29, +44 %
Deutschland	Allianz	840400	10,7	212,00	+0 +6 %
	Munich Re	843002	13,3	235,00	-10, +8 %
	Puma	696960	42,6	78,00	-12, +56 %
	Siemens Health	SHL100	27,6	57,00	+20, +51 %
Restliches Europa	Linde	A2DSYC	29,6	282,00	+26, +83 %
	Vestas	A3CMNS	62,7	28,00	-3, +89 %
	GlaxoSmithKline	940561	15,3	19,40	+25, +8 %
	ASML	A1J4U4	49,7	618,00	+35, +266 %
China	Lenovo	894983	14,7	0,95	-7, +17 %
	Cosco Shipping	A0M4XG	3,9	1,70	+107, +553 %
	Tencent	A1138D	24,3	47,00	-31, +13 %
Japan	Toyota	853510	15,5	15,70	+18, +50 %
	Trend Micro	915793	21,9	51,80	+22, +23%
Südkorea	Samsung	881823	19,7**	1200,00	-12, +74 %
Indien	Infosys	919668	32,1**	21,70	+40, +131%
Restliche Welt	Mercadolibre	A0MYNP	320,6	1050,00	-14, +150 %

Alle Angaben ohne Gewähr, Quelle www.finanzen.net **unterschiedliche, fehlende Angaben

8.3 Aktien-Auswahl nach Branchen

Neben den Technologiewerten sind auch die Bereiche Finanzwirtschaft, Gesundheitswesen und Immobilien recht stark vertreten, das verleiht meinem Depot Stabilität.

Branche	AG*	WKN	KGV 2021e	Kurs in € 18.03.2022	1-, 3 -Jahres-Performance 18.03.2022
Informations-technologie	Apple	865985	21,9	149,00	+46, +258 %
	ASML	A1J4U4	49,7	618,00	+35, +266 %
	Microsoft	870747	34,0	271,00	+39, +162 %
Kreislaufwirtschaft	Aurubis	676650	10,7	108,20	+58, +124 %
	Umicore	A2H5A3	12,3	38,80	-9, -3 %
Erneuerbare Energien	Enphase	A1JC82	52,6	166,30	+33, +1890 %
	Oersted	A0NBLH	29,4	109,00	-13, +57 %
	2G Energy	A0HL8N	41,0	119,40	+36, +278 %
Finanzwirtschaft	Allianz	840400	10,7	212,00	+0 +6 %
	Munich Re	843002	13,3	235,00	-10, +8 %
	Royal Bank of Canada	852173	8,2	101,00	+29, +44 %
	AXA	855705	9,9	25,00	+12, +12 %
Gesundheitswesen	Siemens Health	SHL100	27,6	57,00	+21, +51 %
	Pfizer	852009	12,6	49,30	+64, +51 %
	GlaxoSmith Kline	940561	15,3	19,40	+25, +8 %
Rohstoffe	BHP	850524	10,7	31,10	+3, +35 %
	Barrick Gold	870450	16,8	21,50	+23, +88 %
Immobilien	Hamborner REIT	A3H233	13,8	9,50	+8, +11 %
	Realty Income	899744	53,2	60,30	+16, +0 %
Konsumgüter	Coca-Cola	850663	25,5	54,00	+27, +34 %

* alle Angaben ohne Gewähr, Quelle www.finanzen.net

8.4 Dividendenstarke Aktien

Es gibt eine Reihe von Aktien, die einen beachtlichen Dividendenertrag erzielen. Viele davon sind zwar nicht gerade als Wachstumsraketen bekannt, einen Platz in meinem Depot räume ich ihnen trotzdem gerne ein, da sie zur Sicherheit beitragen und ich sie auch gerne nutze, um Gewinne aus Teilverkäufen gut zu reinvestieren. Dazu ein Auszug aus meinem Depot mit zwölf dividendenstarken Aktien.

Dividendenstarke Aktien aus meinem Depot					
Aktie Index	**WKN**	**Dividende 2021 in €**	**Dividende in Bezug auf den Kurswert**	**Kurs in € 18.03. 2022**	**1-, 3-, 5-Jahres-Performance 18.03.2022**
BASF DAX	BASF11	3,40	5,5 %	54,50	-24, -19, -38 %
E.ON DAX	ENAG99	0,90	4,70 %	10,70	+23, +11, +50 %
Allianz DAX	840400	10,80	5,20 %	212,20	+0, +6, +25 %
Munich Re DAX	843002	11,00	4,22 %	235,00	-10, +8, +31 %
Talanx MDAX	TLX100	1,50	4,06 %	40,00	+8, +13, +20 %
Hamborner REIT SDAX	A3H233	0,47	4,75 %	9,40	+8, +11, +9 %
Telefonica TecDAX	A1J5RX	0,18	7,40 %	2,44	+4, -17, -43 %
AXA E-STOXX	855705	1,54	5,88 %	25,00	+12, +12, +8, %
ING E-STOXX	A2ANV3	0,62	5,06 %	9,50	+8, -13, -33 %
TOYOTA Motor NIKKEI	853510	0,62	5,06 %	15,70	+18, +50 %, -33 %
Realty Income S&P 500	899744	2,85	4,00 %	60,30	+16, +0, +12 %
BHP NYSE International 100	850524	3,30	8,29 %	31,10	+3, +35, +76 %

* alle Angaben aus www.finanzen.net, ohne Gewähr

Viele der oben aufgeführten Aktien zahlen Dividenden in ähnlicher Höhe schon seit Jahren aus. Die Performance einiger dieser Werte kann sich sehen lassen. Hält man solche Aktien längere Zeit, kann man einen Großteil des anfänglichen Investments allein aus den Dividenden-Erträgen refinanzieren.

8.5 Nebenwerte-Aktien

Bei der Suche nach guten Nebenwerten werde ich immer wieder im **m:access** (Börse München) und im **Scale-Index** (Börse Frankfurt) fündig. Nebenwerte sind chancenreich, aber in besonderem Maße volatil, daher nutze ich sie vor allem als Ergänzung meines diversifizierten Depots.

Nebenwert*	WKN	KGV 2021	Kurs in € 18.03.2022	1-, 3-Jahres-Performance
ABO Wind Diese AG plant und errichtet weltweit Wind- und Solarparks und realisiert Batterie- und Wasserstoffprojekte	576002	37,5	58,40	+27, +170 %
Lloyd Fonds Bankenunabhängiger Vermögensverwalter	A12UP2	54,5	10,80	+76, +108 %
UmweltBank Unabhängige Privatbank, die sich laut Satzung zum Umweltschutz verpflichtet hat.	557080	27,2	16,50	+0 %, +91 %
Ökoworld Etabliertes Unternehmen für ökologische Kapitalanlagen	540868	8,2	67,80	+30, +355 %

* alle Angaben ohne Gewähr, Quelle www.finanzen.net

8.6 Anlageideen für jede Lebensphase

Dank der günstigen Neobroker und zahlreicher kostenloser Ansparmöglichkeiten ist es auch ohne hohe Einkünfte möglich, frühzeitig in Aktien zu investieren.

8.6.1 Geldanlage in jungen Jahren

Wer frühzeitig mit dem Investieren beginnt, profitiert dreifach: Einerseits wirkt dann der Zinseszins-Effekt besonders stark, andererseits eignet man sich zusätzliche finanzielle Kompetenzen an, und nicht zuletzt gewöhnt man sich idealerweise auch einen weniger konsumfreudigen Lebensstil an.

Bei vielen Neobrokern und bei manchen Direktbanken ist die Depotführung kostenfrei, und auch Sparpläne auf manche ETFs kosten nichts. Man zahlt dann fast nur noch die moderaten ETF-Gebühren, die oft weniger als 0,40 Prozent pro Jahr ausmachen (vgl. 8.5.2).

8.6.2 Geldanlage für Familien mit Kindern

Als Familienvater weiß ich genau, dass die Ausgaben für die Kinder von Anfang an stark zu Buche schlagen, was im Laufe der Jahre nicht besser wird. Vor allem in den ersten Lebensjahren bleibt dann nur wenig Geld zum Ansparen übrig, wenn man etwa wegen des Familienzuwachses eine größere Wohnung braucht. Auch das Kindergeld hilft da nur wenig.

Als mir meine Bank kurz nach der Geburt des ersten Kindes einen Anlagevorschlag in Höhe des Kindergeldes zusendete, habe ich mich richtig geärgert. Als ob ich das Geld einfach so übrig hätte. Die Police wäre zudem mit hohen Kosten verbunden (Ausgabeaufschlag, hohe laufende Kosten etc.).

Ein kostenloser ETF-Sparplan ist da wesentlich günstiger, einfacher, flexibler und er bringt langfristig meist auch deutlich mehr Rendite, wie diverse Vergleiche zeigen. Der Sparplan für unsere Kinder sieht so aus, dass von Geburt an mit Hilfe der Schwiegermutter **monatlich 50 Euro** pro Kind in einen besonders breit gestreuten ETF, den FTSE-All-World, fließen.

Gemäß den bisherigen langfristigen Durchschnittsrenditen gehe ich trotz starker jährlicher Schwankungen in meiner Berechnung von einem durchschnittlichen Zuwachs von 8 % im Jahr aus. Nach 18 Jahren sollten sich nach dieser Berechnung die eingezahlten 10.800 Euro mehr als verdoppelt haben.

Der Endbetrag läge demnach bei 22.968 Euro. Die ETF-Gebühren von insgesamt 475 Euro bei 0,20 Prozent TER sind da bereits abgezogen.

Geht man nun von einer geringeren jährlichen Rendite von 7 Prozent aus, würde sich das angesparte Kapital auch nach Abzug der Gebühren noch immer fast verdoppeln auf 20.749 Euro.[8]

Ein großer Vorteil des Ansparens liegt dabei darin, dass man in den ersten Anlagejahren vollkommen entspannt bleiben kann, wenn der Kurs des ETFs nachgibt, weil dadurch ja anteilig mehr Anteile des ETFs ins Depot kommen.

8.6.3 Geldanlage für den (Vor-)Ruhestand

Die gesetzliche Altersvorsorge wird für viele Menschen nicht ausreichen, um den bisherigen Lebensstandard nach dem Renteneintritt zu erhalten. Angesichts des stark ansteigenden Anteils älterer Menschen an der Bevölkerung wird das jetzige System nicht mehr finanzierbar bleiben. Es gibt also viele gute Gründe, sich selbst um eine Zusatzrente zu kümmern. Auch hier sind Aktienkörbe in Form von ETFs in puncto Rendite, Flexibilität und günstige Kosten langfristig unschlagbar.

Wenn man davon ausgeht, dass man bei Renteneintritt (in der Regel mit 57 bis 65 Jahren) dank des medizinischen Fortschritts durchaus noch mehr als zwei Jahrzehnte gut leben kann, sollten die Rücklagen nicht allzu knapp bemessen werden. Grundsätzlich gilt, je dringender man auf diese private Vorsorge angewiesen ist, desto sicherheitsorientierter sollte man vorgehen. Das Risiko lässt sich dabei durch mehrere Möglichkeiten reduzieren:

- Fokus auf substanzstarke Aktien und ETFs
- Breite Streuung nach Regionen, Branchen und Unternehmensgrößen
- gegebenenfalls Hinzunahme von Anleihen bzw. günstigen Mischfonds

Je nach Lebensabschnitt lassen sich dafür passende ETFs und Aktien finden. Den Fokus lege ich dabei zunächst zu drei Vierteln auf substanzstarke Aktien und thesaurierende ETFs, denen ich dann ein Viertel chancenreiche Wachstumswerte beimische. Wenn dann der Ruhestand naht, werde ich die ETFs und Aktien umstellen auf dividendenstarke Titel, um zunächst möglichst wenig aus dem Depot entnehmen zu müssen.

---

8 vgl. www.zinsen-berechnen.de/sparrechner.php

Eine Alternative bzw. eine sehr gute Beimischung könnte auch im **Erwerb einer selbstgenutzten Immobilie** liegen. Leider sind die Preise dafür in vielen Regionen Europas so stark gestiegen, dass diese Möglichkeit für viele Menschen überhaupt nicht in Frage kommt, da mehrere Jahrzehnte vergehen würden, ehe die Wohnung oder das »Häusle« abbezahlt wäre, wenn überhaupt. Außerdem ist eine Aktienanlage, solange man noch unter einer hohen Schuldenlast steht, gar nicht bzw. nur in sehr begrenztem Umfang sinnvoll.

In diesem Kontext kann man allerdings auch etwas kleiner denken. Es muss ja nicht gleich ein selbstbewohntes Haus oder eine Wohnung sein. Wer in einer Stadt lebt, kann beispielsweise auch über den Kauf einer Garage oder eines Stellplatzes nachdenken. Um eine bessere Vorstellung davon zu bekommen, was mit welchen Ansparsummen möglich ist, habe ich wieder ein paar einfache Berechnungen angestellt.

Beispiel-Rechnungen zum Dividenden-Ertrag

Wie groß muss mein Depot sein, damit ich monatlich netto 400 Euro durch Dividenden erzielen kann?

Ausgehend von den derzeitigen Dividenden substanzstarker Unternehmen, die bereits seit vielen Jahren beständig Dividenden auszahlen, kann man mit einem Wert von 3,5 bis 4,5 Prozent ausgehen, im Durchschnitt also von rund 4 Prozent.

In einem Jahr müssten also 4800 Euro an Dividenden erzielt werden, davon werden in Deutschland nach derzeitiger Planung ab dem Jahr 2023 wie bereits erwähnt 1000 Euro steuerfrei sein, der Rest wird derzeit in Deutschland mit ca. 28 Prozent versteuert. Demnach müsste der Dividendenertrag brutto deutlich höher liegen, ungefähr bei 6300 Euro.

Um 6300 Euro an Dividenden zu generieren, müsste der Depotwert mindestens bei ca. 157.500 Euro liegen.

Wenn man die Kapitalertragssteuern mit berücksichtigt, steigt der benötigte jährliche Dividendenertrag bereits auf fast 8000 Euro und der dazu notwendige Depotwert steigt auf 200.000 Euro an.

Als einfache Faustformel für einen Überschlag kann man sich folgenden Zusammenhang merken:

Gewünschte monatliche Dividende mal 500 ≈ benötigter Depotwert

Zunächst mag die Höhe des notwenigen Kapitals für eine solchermaßen überschaubare Zusatzrente enttäuschen. Wenn man aber frühzeitig mit dem Sparen anfängt, kann es durchaus gelingen, entsprechend hohe Depot-Summen zu erreichen.

Manche Menschen kommen auch in den Genuss einer plötzlichen Erbschaft. Solche Zusatzeinkünfte lassen sich ideal im bestehenden Depot integrieren.

Hierzu bemühe ich wieder den Sparrechner. Wenn ich kein Startkapital habe und monatlich 400 Euro anspare und von einer langjährigen inflationsbereinigten Durchschnittsrendite und nach Abzug der ETF-Gebühren von 5 Prozent ausgehe, benötige ich etwas weniger als 23 Jahre, um auf den Wert zu kommen, der heute 200.000 Euro entspricht.

Auch hier verschlechtere ich bewusst das Berechnungsszenario, um einen Sicherheitspuffer zu erhalten und verringere daher die jährliche inflationsbereinigte Renditeerwartung unter dem langfristigen Durchschnittwert auf 4 Prozent. Die Anspardauer verlängert sich dadurch auf knapp 25 Jahre.

Das führt gleich zu meiner zweiten Faustformel:

Monatlicher Anzahlbetrag nach 25 Jahren ≈ monatlicher Dividendenertrag

Dieser Wert bietet lediglich für einen Schätzwert eine gute Orientierungsmarke und lässt bei genauerer Betrachtung den Sparwillen vielleicht stärken.

Natürlich lassen sich die genaue Dividendensumme und ihr Gegenwert nicht vorhersagen, aber umgekehrt ist auch klar, dass die klassische Rente in der Regel nicht ausreichen wird, um den Lebensstandard zu sichern und die Sparmodelle der Filialbanken oder Versicherungen mit viel höheren Gebühren einhergehen, ohne bessere Renditen zu erzielen.

Wenn ich mit 65 Jahren ein 200.000-Euro-Depot aufgebaut haben will, sollte ich möglichst schon im Alter von 40 Jahren oder noch früher mit dem Sparen beginnen. Dabei gilt auf Grundlage der bisherigen Marktentwicklungen, dass mein monatlicher Einsatz später zur monatlichen Dividende werden kann. Dadurch generiere ich für unbegrenzte Zeit ein Zusatzeinkommen.

Es ist nie zu spät, um für das Alter vorzusorgen. Je später ich anfange, desto höher wird mein monatlicher Einsatz in der Ansparphase. Aber ich habe jederzeit die Möglichkeit, flexibel auf das Depot zurückzugreifen, was enorm hilfreich ist, wenn ich beispielsweise Geld für einen seniorengerechten Umbau bzw. die Einrichtung der Wohnung oder andere unvorhersehbare Ereignisse benötige.

Jederzeit kann man auch mit dem **Depot-Rückbau** beginnen, wenn die Dividendenentnahme alleine nicht mehr ausreicht und auch kein (vollständiger) Kapitalerhalt gewünscht beziehungsweise möglich ist. 200.000 Euro würden dann selbst bei einer Null-Rendite genügen, um 15 Jahre lang monatlich 1111 Euro zu entnehmen.

Bei der **Zusammensetzung des Dividenden-Depots** sollte man auf Ausgewogenheit achten. Dividendenzahler sind derzeit vor allem Banken und Versicherungen, Industrieunternehmen, REITs, die auf die Vermietung gewerblicher Immobilien setzen, Energieversorger und sehr große Minenbetreiber, die Rohstoffe abbauen (vgl. Kapitel 8.4).

Mehrere Internetseiten bieten die Möglichkeit an, Aktien nach der Höhe der Dividenden-Erträge zu sortieren. Bei https://www.dividendenchecker.de findet man beispielweise die Dividenden-Titel aus der DAX-Familie, dem österreichischen Leitindex ATX und dem Schweizer SMI. Weitere Informationen dazu gibt es auf meiner Homepage www.boersenpirat.de.

Bei Aktien aus dem Ausland sollte geprüft werden, inwiefern die dort anfallende Quellensteuer automatisch mit der deutschen Kapitalertragssteuer verrechnet wird, was von Land zu Land unterschiedlich geregelt ist.

8.6.4 Entnahmestrategien im Ruhestand

Für mich stellt sich zunächst die Frage, ob die klassische Definition und die damit verbundene Trennung von Arbeitsleben und Ruhestand überhaupt noch zeitgemäß sind. Gerade durch die mit dem Homeoffice verbundenen gleitenden Übergänge zwischen Freizeit und Beruf halte ich es für ausgesprochen naheliegend, dass es keine scharfe Grenze geben muss. Wenn man spätestens gegen Ende des sogenannten Berufslebens umswitchen und auch mit Dingen Geld verdienen kann, die man wirklich gerne macht und die sich auch von der Arbeitszeit her variabel gestalten lassen, ist ein klassischer Ruhestand möglicherweise gar nicht erstrebenswert. Meine Mutter lebte das in extremer Weise vor. Nach der Pensionierung und dem Ende ihres klassischen Berufslebens startete sie als »Börsen-Oma« erst so richtig durch. Bei den Berechnungen sollte man die Optionen jedenfalls berücksichtigen und auf die individuellen Vorlieben anpassen.

Meine bisherigen Überlegungen und Berechnungen zur dividendengestützten Altersvorsorge fasse ich nun in einer Tabelle zusammen. Die Werte lassen sich individuell anpassen. Wenn man monatlich »nur« 100 Euro ansparen kann, kommt nach 25 Jahren ein mutmaßlicher Dividenden-Ertrag zusammen, der etwas mehr als dem heutigen Wert von 100 Euro entspricht. Eine solche Dividenden-Entnahme wäre nahezu steuerfrei möglich – und im Depot lägen dennoch rund 40.000 als Sicherheitspolster, die man bei Bedarf auch nutzen könnte, um 15 Jahre lang monatlich – je nach Rendite rund 225 Euro bis 300 Euro zu entnehmen.

Eine weitere Entnahme-Möglichkeit ergibt sich, wenn man eine selbstbewohnte Immobilie besitzt und daraus eine Zusatzrente erzielen möchte. Banken und diverse andere Unternehmen bieten für selbstbewohnte Immobilien, die bereits abgezahlt und noch in akzeptablem Zustand sind, eine **Umkehrhypothek** an und gewähren dem Immobilien-Besitzer eine Einmalzahlung oder eine monatliche Auszahlung verbunden mit lebenslangem Wohnrecht.

Meinen Plan zur dividendengestützten Altersvorsorge fasse ich in der folgenden Tabelle zusammen.

Dividendengestützte Altersvorsorge			
Lebensphase	**Ansparbetrag**	**Entnahme**	**Depot-Zusammensetzung**
Ansparphase mit 40 Jahren (je früher desto besser)	Monatlich 500 € (je mehr desto besser, solange die Lebensqualität nicht darunter leidet)	Null	Breite Streuung, ETFs mit niedrigen Gebühren, überwiegend substanzwertstarke Aktien
»Rentenbeginn« mit 65 Jahren	0 €	Monatlich 500 € durch Dividenden	Dividendenstarke Aktien und ETFs
Zusätzlicher finanzieller Bedarf **im hohen Alter**		Schrittweiser Rückbau des Depots, anlassbezogen Bei Immobilienbesitz eventuell Umkehrhypothek oder Leibrente	

Vom Wohnungswert wird ein Risikoabschlag (ca. 25 Prozent) abgezogen. Ist die Wohnung beispielswiese 200.000 Euro wert, kann ein Darlehen von 150.000 Euro aufgenommen werden – und daraus nach Berechnungen der Verbraucherzentrale* bei einer Laufzeit von 19 Jahren monatlich 250 bis 340 Euro entnommen werden.[9]

[9] Quelle: https://www.verbraucherzentrale.de/wissen/geld-versicherungen/bau-und-immobilienfinanzierung/umkehrhypothek-und-leibrente-mietfrei-im-zuvor-eigenen-haus-wohnen-10758

Solche Kreditverträge sind in der Regel mit hohen Kosten verbunden. Wer verdient also viel Geld an der Umkehrhypothek? Richtig – die Bank! Denn potenzielle Erben müssten am Ende den vollen Darlehensbetrag von 150.000 Euro abzahlen, um die Immobilie behalten zu können, obwohl die Bank zuvor lediglich einen Teil dieses Betrages ausgezahlt hatte. Daher ist so ein Rückwärtsdarlehen eigentlich nur dann geeignet, wenn man keine Erben hat, bzw. nicht oder nicht so viel vererben will.

Eine Alternative zur Umkehrhypothek bietet die **Leibrente**. Auch hier erhält man nach Abzug stattlicher Gebühren eine langfristige bzw. lebenslange monatliche Zahlung von der Bank. Es gibt dabei jedoch wesentliche Unterschiede. So wechselt die Immobilie bei der Leibrente bereits bei Vertragsabschluss den Eigentümer. Die Bank kauft sozusagen die Immobilie schon zu Lebzeiten ab und sichert im Gegenzug eine langfristige bzw. lebenslange Rentenzahlung und lebenslanges Wohnrecht zu, potenzielle Erben gehen dann in puncto Immobilie leer aus, dafür ist die monatliche Rate, die man nach dem Immobilienverkauf von der Bank erhält, meist höher als bei der Umkehrhypothek.

8.7 Mein Portfolio-Management

Eine vergleichsweise hohe Cashquote gepaart mit einem weitgehenden Verzicht auf renditeschwache Anlageformen führt zu einer hohen Quote an Aktien und ETFs in meinem Portfolio. Dies gibt mir die Möglichkeit, bei Rücksetzern beherzt, mutig, aber planvoll zuzukaufen. Beate hat über Jahrzehnte bewiesen, dass gerade darin ein wesentlicher Schlüssel zur Outperformance liegen kann.

Zudem achte ich innerhalb des Depots auf eine besonders breite Streuung. Das Depot reagiert dadurch weniger empfindlich auf Störungen im Wirtschaftssystem, da es sehr stark diversifiziert ist.

Durch sogenannte REITs sind im Depot auch Beteiligungen an Vermietungen (gewerblicher) Immobilien enthalten.

Auch die Aktien von rohstofffördernden Unternehmen tragen zur Diversifizierung bei. Mit ihnen bin ich im Rohstoff-Sektor investiert, ohne dabei auf die marktwirtschaftlich angestrebte Rendite verzichten zu müssen. Außerdem muss ich mich nicht um die Lagerung kümmern.

Letztlich dient auch der geringe, aber sehr spekulative Anteil an Kryptowährungen der breiten Streuung. Das ist mein persönlicher Kompromiss aus einer Teilhabe an einer langfristig möglichen, positiven Kursentwicklung einerseits bei gleichzeitiger Risiko-Begrenzung andererseits.

Meine DEPOT-VERTEILUNG			
Assetklasse	**SOLL Anteil geplant**	**IST (02/2022) Anteil aktuell**	**Anmerkungen**
Substanzstarke Aktien / ETFs (inkl. REITs und Rohstoffe)	**55 – 65 %**	**53 %**	Überwiegend Value-Aktien mit KGV unter 20 und hohem Buchwert
Cash	**15 – 25 %**	**18 %**	Die Cash-Reserven sind u. a. für Zukäufe in Rücksetzer-Phasen gedacht.
Spekulative Aktien / Wachstumsaktien	**15 – 25 %**	**23 %**	Growth-Aktien mit besonders guten Zukunftschancen und hohem Umsatzwachstum
Kryptowährungen	**1-2 %**	**1,5 %**	Chancenreich aber hochspekulativ, keine Fundamentaldaten auswertbar

Bei der persönlichen Portfolio-Aufstellung sollten auch weitere Besitztümer und Werte berücksichtigt werden. Dies gilt in besonderem Maße bei einem eventuellen Immobilienbesitz, den man dem Bereich substanzstarke Investition zuschlagen kann. Allerdings können auch Immobilien beträchtlich im Wert schwanken. Man bekommt diese Wertschwankungen – anders als bei Aktien – jedoch nicht direkt mit.

Regionale Streuung

Deutsche und nordamerikanische Aktien sind bei mir mit jeweils ungefähr einem Drittel ähnlich gewichtet. Die **USA** waren in den letzten Jahren und Jahrzehnten der Wachstumsmotor schlechthin. Allerdings sind viele Unternehmen dort höher bewertet als in Europa.

Daher machen Deutschland und **Europa** zusammen knapp die Hälfte meines Depots aus. Hier sind die Bewertungen insgesamt etwas fairer, was sich beispielsweise an den niedrigeren KGVs zeigt.

Die Performance **chinesischer Aktien** war aufgrund der zunehmenden Einflussnahme der chinesischen Staatsführung auf dortige Unternehmen zuletzt schwach. Langfristig sehe ich dennoch viel Potenzial in China, da dort zahlreiche Unternehmen mit sehr guten Geschäftszahlen stark unterbewertet sind.

Auch **weitere Länder**, die künftig eine stärkere wirtschaftliche Bedeutung bekommen dürften, insbesondere Indien, habe ich nicht nur »auf dem Schirm«, sondern auch in meinem Depot. Insgesamt halte ich es aus den genannten Gründen für eine gute Mischung, bei Zukäufen fürs Depot ungefähr zu dritteln, ca. 30 Prozent Nordamerika, 40 Prozent Europa (inkl. Deutschland) und

30 Prozent restliche Welt. Meine regionale Verteilung stellt sich im Detail derzeit so dar:

Nordamerika (USA und Kanada)	33 %
Deutschland	28 %
Europa (ohne Deutschland, mit Schweiz und GB)	18 %
China, Taiwan, Hongkong	7 %
Schwellenländer (ohne China)	6 %
Japan	5 %
Australien, Saudi-Arabien	3 %

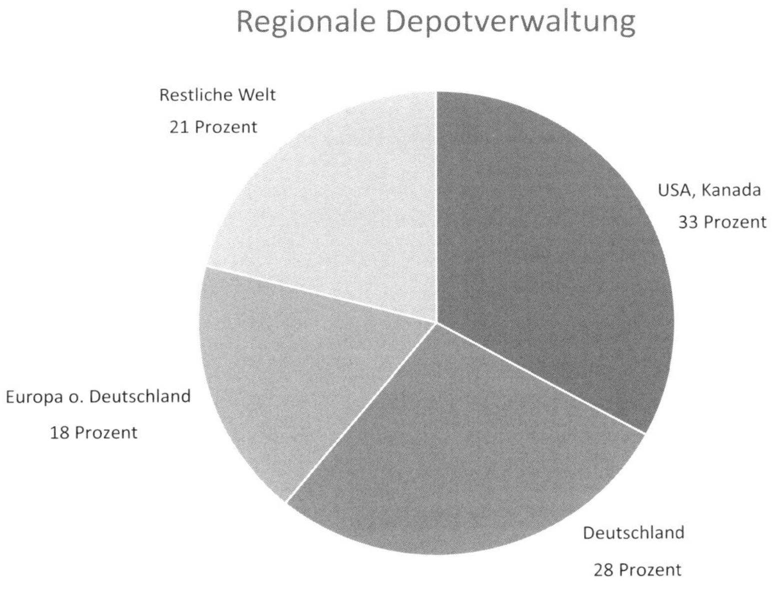

Branchen

Ende 2021 und Anfang 2022 setzte der Technologie-Bereich ordentlich zurück. Zusammen mit der Telekommunikation bleibt dieser Sektor zwar noch immer mit Abstand der größte Einzelposten in meinem Depot. Allerdings habe ich durch eine beharrliche, wenn auch behutsame Umschichtung diesen Anteil von 35 Prozent auf nunmehr 28 Prozent reduziert und im Gegenzug die Bereiche

Finanzdienstleister/Versicherer, Gesundheitswesen, Energieversorger, Immobilien (REITs) und Kreislaufwirtschaft/Recycling ausgebaut. Langfristig wird der Technologiesektor trotz der Schwächephase Anfang 2022 ein Wachstumstreiber bleiben. Dort prüfe ich vor Zukäufen allerdings besonders kritisch, ob die Unternehmen fair bewertet sind und eine Investition dadurch lukrativ erscheint.

Technologie, IT, Telekommunikation	28 %
Finanzdienstleister, Versicherer	15 %
Gesundheitswesen, Pharmaindustrie	13 %
Industrie, Transport, Automobile	12 %
Versandhandel, Einzelhandel, Freizeit	8 %
Energieversorger, regenerative Energien	6 %
Chemie, Rohstoffveredelung, Recycling	6 %
Immobilien	5 %
Rohstoffe	5 %
Bau, Baustoffe	2 %

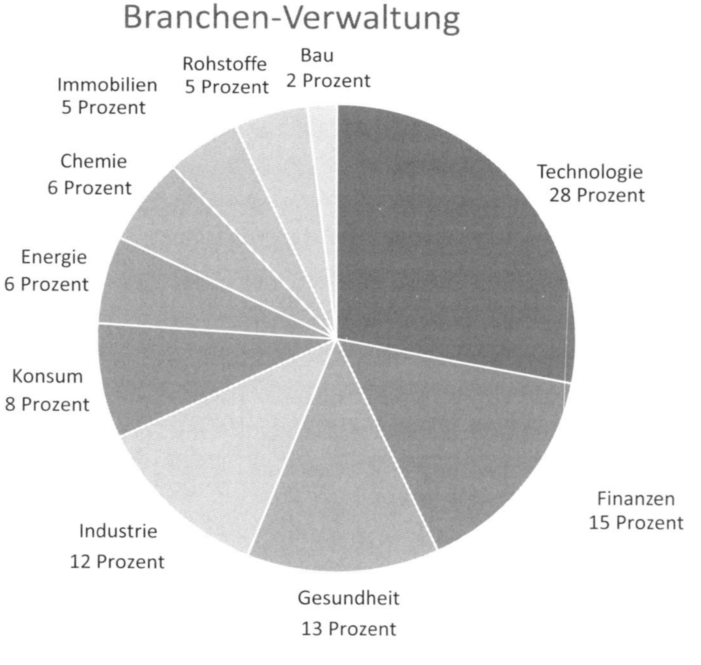

8.8 Rechtlicher Hinweis

Alle Hinweise und Informationen stellen keine Aufforderung zum Kauf oder Verkauf irgendeines Wertpapieres dar. Es wird keine Empfehlung für eine bestimmte Anlagestrategie abgegeben. Der Kauf von Aktien ist mit hohen Risiken verbunden und kann bis hin zum Totalverlust führen. Investitionsentscheidungen sollten niemals nur auf Basis von Informationsangeboten getroffen werden. Ich, Uwe Sander, übernehme keinerlei Verantwortung für jegliche Konsequenzen und Verluste, die durch Verwendung der dargestellten Informationen und Gespräche entstehen. Investitionsentscheidungen dürfen nur nach Ihrer eigenen Recherche getroffen werden. Alle Angaben und Daten erfolgen ohne Gewähr.

Kapitel 9
Aktien entspannt handeln dank mentaler Stärke

9.1 Behavioral Finance

Unter Behavioral Finance (»verhaltensorientierte Finanztheorie«) werden Erklärungsansätze zusammengefasst, die das Anlegerverhalten erklären sollen. Entscheidend sind dabei nicht nur ökonomische Faktoren, sondern vor allem psychologische und soziologische Einflüsse. Untersucht werden dabei viele Aspekte, beispielsweise auch das »Herding«, also Herdenverhalten. Dabei geht es darum, wie in Phasen von Panik und Euphorie Prozesse, die sich teilweise selbst verstärken, zu Übertreibungen in Form von Kurssprüngen oder Kursstürzen an den Börsen führen können.

Im Folgenden konzentriere ich mich auf die psychologischen Prozesse bei den einzelnen Marktteilnehmern. Das ermöglicht es dem Anleger, sich selbst besser einzuschätzen, um sich dadurch in Krisenzeiten besser vor emotional bedingtem Fehlverhalten zu schützen.

Ein wichtiger Punkt dabei sind die »**Behavioral Biases**« (Verhaltens-Vorurteile). Mit diesem Begriff wird die Neigung, Fakten, die der eigenen Überzeugung widersprechen, als Bestätigung der eigenen Überzeugung zu betrachten. Man hält hartnäckig an der ersten Grundannahme fest, obwohl neue Informationen dieser Überzeugung widersprechen.

Quelle: Igor Link auf Pixabay (lizenzfrei)

Das kann bei Börseninvestments dazu führen, dass an einer Aktie, deren Kurs bereits massiv abgerutscht ist, festgehalten wird, obwohl das Unternehmen sich in einer schweren Krise befindet. Die Informationen werden dann uminterpretiert (»Das wird schon nicht so schlimm werden!«) oder geleugnet.

Um solche meist unbewusst laufenden Vorgänge überhaupt wahrnehmen zu können, halte ich es für hilfreich, sich mit der Börsenpsychologie, den Wahrnehmungsprozessen und geeigneten psychologischen Modellen zu befassen.

9.2 Das Wesen der Börse begreifen und akzeptieren

> *»An der Börse kommen erst die Schmerzen, dann das Geld.«*
>
> André Kostolany

Alles Wissen und alle Analysen um die Vorgänge an den Börsen können nicht darüber hinwegtäuschen, dass sich dort viele irrationale Muster entwickeln, die nicht vollständig erklärbar und schon gar nicht vorhersagbar sind. Das liegt an den unendlich vielen Wechselwirkungen, an sich selbst verstärkenden Effekten, an dem von Emotionen getriebenen menschlichen Verhalten und an einer unvollständigen Synchronisation zwischen menschlichem Verhalten und künstlicher Intelligenz. Das führt mitunter zu drastischen Verkettungen. Ein Beispiel dafür sind sogenannte Flash-Crashs, bei denen sich eine Welle automatisierter Verkaufsvorgänge immer weiter auftürmt, weil die sinkenden Kurse weitere Automatismen auslösen. Auf diese Weise stürzen Kurse blitzschnell ab, ehe eine Gegenbewegung greifen kann.

Anders sieht das bei einer langfristigen Betrachtung aus, denn dort zeigen sich dann eine ganze Menge auffälliger Muster, die man beispielsweise an den Renditedreiecken des Deutschen Aktieninstituts (vgl. www.dai.de) zu verschiedenen Indizes ablesen kann:

- Die langfristige Entwicklung der großen Indizes in den vergangenen Jahrzehnten zeigt ein durchschnittliches jährliches Wachstum von 8 bis 10 Prozent an den Aktienmärkten an, inflationsbereinigt beträgt es jährlich immer noch 6 bis 8 Prozent.
- Obwohl man durch Diversifikation das Risiko verringern kann, ist eine erhöhte Rendite ohne erhöhtes Risiko nicht zu erzielen. Dabei gibt es immer wieder einzelne Verlustjahre, selten auch zwei aufeinanderfolgende Jahre mit negativer Rendite.
- Nach schweren Kurseinbrüchen folgt meist eine Gegenbewegung.
- Die langfristige Kursentwicklung steht im Zusammenhang mit der konjunkturellen Entwicklung und beides verläuft wellenförmig. Dabei wechseln sich Auf- und Abschwung-Phasen über einen Zeitraum von mehreren Jahren ab.

Aus diesen Erkenntnissen leite ich folgende Handlungsmuster ab, die mir als Anleger dabei helfen, auch bei Kursrücksetzern cool zu bleiben.

Wenn Aktienkurse profitabler Unternehmen sinken, habe ich noch nichts verloren!

Sinkende Kurse sind nicht das Gleiche wie Verluste. Mein verbriefter prozentualer Anteil am jeweiligen Unternehmen ist unverändert. Ähnlich verhält es sich mit anderen »Besitztümern«: Wenn ich beispielsweise in einer Wohnung wohne, die ich vollständig abgezahlt habe und dann in der Zeitung lese, dass der Wert solcher Wohnungen um 2 Prozent gesunken ist, werde ich vermutlich nicht panisch herumrennen und über einen Verlust von mehreren tausend Euro jammern.

Bei gut ausgewählten Aktien verhält es sich letztlich genauso. Solange das Unternehmen selbst profitabel und die Marktstellung nicht nachhaltig beschädigt ist, kann ich solche Kursrückgänge meist gut aussitzen. Das gilt natürlich nicht bei spekulativen Werten solcher Unternehmen, die die Erwartungen der Anleger langfristig nicht erfüllen können. In solchen Situationen kann es ratsam sein, die Menge solcher Aktien zu reduzieren, um nicht zu viele »Verlierer« im Depot mitzuschleppen.

Psychologisch betrachtet beruhigen Teilverkäufe von Aktien, die über mehrere Monate hinweg einen unerwartet schlechten Verlauf nehmen. Sinnvoll sind sie dann, wenn deren Kurs über 30 Prozent verloren hat und dieser Verlust nicht auf einer aktuellen Verkaufspanik auf breiter Front beruht. Denn Teilverkäufe sind meist ein guter Mittelweg aus Verkaufen und Halten.

Wenn Aktienkurse plötzlich steigen, habe ich noch nichts gewonnen!

Im Umkehrschluss bedeutet dies natürlich auch, dass Kursgewinne einzelner Aktien noch kein realisierter Gewinn sind. Hier gilt es zu untersuchen, ob der Gewinn mit einer besonders günstigen Ausnahmesituation in Verbindung stehen könnte, wie beispielsweise Impfstoff-Aktien in der Corona-Pandemie oder Aktien von Chip-Produzenten während des Chipmangels. In solchen Situationen zeigt sich immer wieder, wie sinnvoll Teilverkäufe sein können. Wenn sich ein Kurs nach weniger als drei Jahren nahezu verdoppelt, prüfe ich grundsätzlich den Teilverkauf von knapp der Hälfte der betreffenden Aktien, um die Gewinne abzusichern und in besonders substanzstarke Aktien zu reinvestieren. Auf diese Weise habe ich die anfängliche Investition abgesichert, denn es laufen danach ja in erster Linie die Gewinne weiter.

Die Besteuerung der Gewinne sollte dabei keine Rolle spielen, denn Gewinne müssten (in Deutschland) früher oder später ohnehin versteuert werden. Der Steuerabzug wird durch den Teilverkauf nur schon etwas früher ausgelöst, eventuell unter Ausnutzung der Freibeträge oder durch Kopplung eines Teilverkaufs zur Verlustbegrenzung.

Beim Kursanstieg breit gestreuter ETFs bin ich mit Teilverkäufen zurückhaltender, denn hier ist die Gefahr einer marktbreiten Überbewertung deutlich geringer als bei Einzelaktien von Unternehmen spezieller Branchen.

9.3 Schritte zu wachsender mentaler Stärke

Es gibt viele Theorien und Modelle, die die Grenzen der menschlichen Wahrnehmung beschreiben. Im Folgenden greife ich dazu einige zentrale Aspekte aus der Transaktionsanalyse und der Gehirnforschung auf.

9.3.1 Die Wahrnehmung der eigenen Persönlichkeit

These »*Der überwiegende Teil unserer Emotionen läuft unbewusst ab.*«

Unsere Wahrnehmung filtert aus den nahezu unendlich vielen Sinneseindrücken den allergrößten Teil heraus, um uns vor einer Überreizung und Überforderung zu schützen. Das gilt vor allem auch in Bezug auf uns selbst. Die Selbstwahrnehmung gibt ein äußerst verzerrtes Bild der Wirklichkeit ab. Das fällt häufig erst dann auf, wenn man den Widerspruch zwischen Selbstwahrnehmung und Fremdwahrnehmung, z. B. in (Streit-)Gesprächen thematisiert.

Unterhalb der Wahrnehmungsschwelle versteckt sich auch der allergrößte Teil unserer Emotionen. Im **Eisbergmodell** wird diese Unterteilung zwischen Sichtebene und verdeckter Tiefenstruktur veranschaulicht.

Quelle: MoteOo auf Pixabay (lizenzfrei)

Der sichtbare Teil des Eisbergs repräsentiert unsere bewusste Wahrnehmung, doch der allergrößte Teil versteckt sich unter dem Wasser und man muss sich viel Mühe geben, um die verborgenen Bereiche ins Bewusstsein zu heben.

Die Zuordnung einiger Eigenschaften von Anlegern in der folgenden Tabelle kann dabei helfen, sich im eigenen Anlageverhalten besser einzuschätzen. Selbstverständlich sind die Aussagen nicht wertend gemeint, da sich von jeder Eigenschaft positive und negative Szenarien ableiten lassen. Ich halte es allerdings für wichtig, eine Anlageform zu wählen, die wirklich zum eigenen Charakter passt, denn auch da gibt es unterschiedliche Möglichkeiten.

Wenn es möglich ist, kann man die Selbsteinschätzung mit der Einschätzung eines oder einer Bekannten vergleichen. Aus der Differenz zwischen Selbst- und Fremdwahrnehmung ergeben sich manchmal spannende Impulse, die dabei helfen können, sich besser kennenzulernen.

Bei den folgenden Selbsteinschätzungen geht es also nicht um gut oder weniger gut, sondern darum, je nach den vorhandenen zeitlichen, informellen, kognitiven und emotionalen Ressourcen eine passende Anlageform zu finden.

Checkliste – Welcher Anlegertyp bin ich?		
Typ A	**Typ B**	**beides / keines von beidem**
strukturiert	spontan	
vorsichtig	risikofreudig	
abwägend	emotional	
selbstbewusst	unterordnend	
zeitlich flexibel	zeitlich gebunden	
durchsetzungsstark	unsicher	
langfristig planend	im Hier und Jetzt lebend	
ruhig	temperamentvoll	
genügsam	fordernd	
stark interessiert an wirtschaftlichen Zusammenhängen	weniger interessiert an wirtschaftlichen Zusammenhängen	
geduldig	ungeduldig	

Für **Typ A** bietet sich neben der Anlage in Mischfonds und breit gestreuten ETFs auch ein verstärktes Engagement in Aktien an.

Typ B könnte stärker auf Mischfonds und breit gestreute ETFs setzen und dabei die Cashquote hochhalten, um sich in Crash-Situationen nicht zu überfordern. Den Anteil an Aktien und ETFs könnte ich dann ergänzen um Rentenpapiere (z. B. IBOXX Euro Overall Index, der die Renditen von Euro-Anleihen unterschiedlicher Laufzeiten und Bonitäten berücksichtigt).

Eine solche breitere Streuung der Anlageklassen ist vor allem auch dann sinnvoll, wenn die Rücklagen benötigt werden, weil sie beispielsweise den Grundstock für den Ruhestand bilden sollen.

9.3.2 Risikofähigkeit

Viele Anleger geben an, sie seien risikobereit. Die Risikobereitschaft sagt allerdings nur wenig über die Risikofähigkeit aus. Wie risikofähig man ist, sollte man bereits vor dem Investment in Aktien testen. Dabei kann die folgende Liste zur Selbsteinschätzung helfen. Bei der Entwicklung von Kursindizes lassen sich langfristige Beobachtungen machen, die dabei helfen können, das Risiko besser abzuschätzen.

Bei der Anlage in substanzstarke Aktien und breit gestreute ETFs lässt sich beobachten, dass die Wahrscheinlichkeit einer positiven Rendite mit steigender Anlagedauer zunimmt. Durch die Analyse langfristiger Renditeentwicklungen an den verschiedenen Aktienmärkten kann man Risiken besser abschätzen und kurzfristige Kursschwankungen besser akzeptieren.

Unabhängig davon, wie wir unser Anlageverhalten einschätzen, gilt es, Folgendes zu beachten:

Checkliste: »Bin ich risikofähig?«	👍	👎
☞ Das eingesetzte Kapital wird kurzfristig nicht in voller Höhe benötigt.		
☞ Das Auf und Ab der Börsenkurse sehe ich als unvermeidbar an und akzeptiere daher auch Schwankungen im Depot.		
☞ Der Anlagehorizont beträgt mehr als fünf Jahre und durchläuft daher in den meisten Fällen einen ganzen Konjunkturzyklus.		
☞ Ich kann auch dann gut schlafen, wenn mein Depot zwischenzeitlich 20 Prozent im Minus liegt.		
☞ In Phasen rücksetzender Kurse habe ich noch Rücklagen für einen Zukauf.		
☞ Das Depot besteht zum überwiegenden Teil aus ETFs und Aktien, die am Markt bereits etabliert sind und von denen eine Insolvenz selbst bei schlechten Marktbedingungen nicht zu befürchten ist.		
☞ Wenn ich nach reiflicher Überlegung eine Entscheidung getroffen habe, kommen mir im Nachhinein selten Zweifel daran.		

Unsere Emotionen sind nicht dafür gemacht, um erfolgreich Aktienhandel zu betreiben!

Ganz im Gegenteil: In Urzeiten beschützten sie uns vor Gefahrensituationen, indem unsere Vernunft in bedrohlichen Situationen quasi aussetzte und stattdessen in kürzester Zeit der Flucht- bzw. der Kampfmodus aktiviert wurde.

Diese Mechanismen sind immer noch prägend für menschliches Verhalten in Paniksituationen. Und aus zwischenzeitlichen Kursverlusten von 10 oder 20 Prozent erwächst schnell Panik.

Nicht zu unterschätzen ist in diesem Zusammenhang auch der mögliche Zündstoff, der zwischen zwei Partnern in solchen Situationen entstehen kann, wenn der eine dem anderen vorwirft, das mühsam verdiente Geld durch riskante Investments zu »verbrennen«.

Quelle: geralt auf Pixabay (lizenzfrei)

Um solchen Situationen die Brisanz zu nehmen und um Emotionen besser in den Griff zu bekommen, hilft ein genauerer Blick auf die Wirkung von Angst und Panik mitsamt den organischen Vorgängen im Gehirn.

9.3.3 Das menschliche Alarmsystem verstehen und beeinflussen

These: *»Im Alarmzustand können vernünftige Entscheidungen kaum getroffen werden.«*

Um ein besseres Verständnis für die Wirkungsweise unserer Emotionen gewinnen zu können, hilft ein genauerer Blick auf die Vorgänge im Gehirn. Eine besondere Rolle spielt dabei die sogenannte **Amygdala** (deutsch: Mandelkern). Sie fungiert sozusagen als Alarmzentrum des limbischen Systems bzw. als Alarmglocke.

Quelle: dapple-designers auf Pixabay (lizenzfrei)

Die kleine mandelkernförmige »Perle« setzt bei **Alarm** blitzschnell eine Kette von hormonellen Reaktionen in Gang. Als Teil des limbischen Systems befindet sie sich auf beiden Hirnhälften jeweils am Ende des Hippocampus.

Der Aufbau des Gehirns ist zwar sehr kompliziert, aber die Namen sind so gewählt, dass man sich die einzelnen Areale besser vorstellen kann. Hippocampus leitet sich vom lateinischen Begriff »Seepferdchen« ab – und in der Tat sieht dieser Teil des Gehirns einem Seepferdchen verblüffend ähnlich.

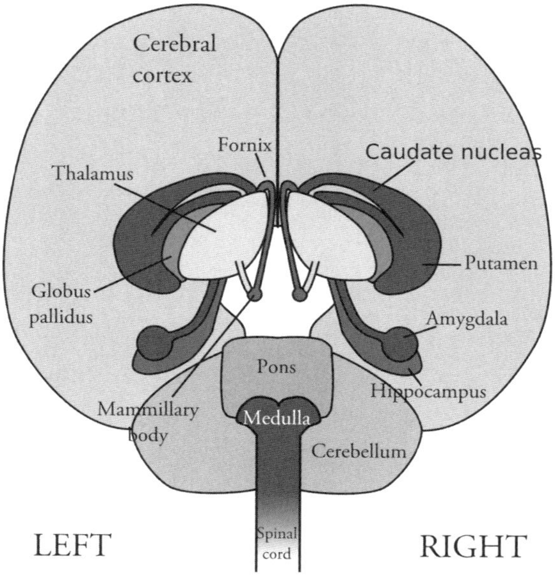

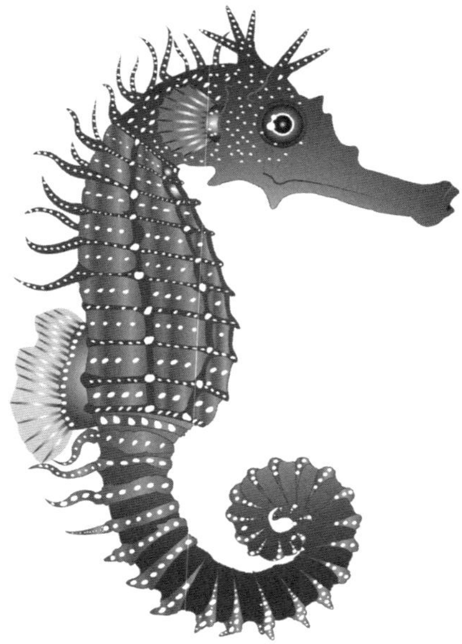

Quelle: Clker-Free-Vector-Images (links) undRooy32 (rechts) auf Pixabay (lizenzfrei)

Wenn die »**Alarmglocke**« läutet, kommt es zu Adrenalinschüben und zu einer Ausschüttung von Cortisol. Dieser hormonelle Cocktail hat vor allem einen Zweck, nämlich das Herunterfahren der vernunftbetonten Teile unseres Gehirns und das Umschalten auf »Panik«.

Quelle: Andrew Martin auf Pixabay (lizenzfrei)

Panik-Modus heißt, dass in diesem Zustand existentieller Angst keine Argumente mehr zählen, dass keine Abwägungen mehr getroffen werden können.

Ob, wann und wie intensiv die Amygdala anschlägt, ist dabei in erster Linie Typ-Sache. Als Lehrer hatte ich viel mit Kindern und Jugendlichen zu tun, die sehr schnell in einen solchen Panik-Modus gerieten und dann in Stress-Situationen kaum noch in der Lage waren, ihre Emotionen zu kontrollieren, was sie hinterher mitunter sehr bereuten.

Wenn die **Panik** erst einmal eingetreten ist, bleiben jedoch nur noch zwei Handlungsmöglichkeiten.

Quelle: Dmitry Abramov auf Pixabay (lizenzfrei)

Die erste Handlungsmöglichkeit ist die **Flucht**, und die Alternative zur Flucht ist der **Kampf**. Die Entscheidung, mit welchem Szenario begonnen wird, fällt dabei sehr schnell. Zeit für Überlegungen bleibt also nicht.

Welche Konsequenzen ergeben sich nun aus dem Panik-Modus für den Anleger? Wie läuft hier ein Fluchtverhalten ab?

Im Kontext der Geldanlage kann Flucht das unüberlegte, sofortige Verkaufen erheblicher Depot-Anteile bedeuten. Die Aktien werden dann »verramscht«, hätte Beate gesagt. Die Verluste sind eingelöst, der Frust meist groß und ein Zukauf zu Zeiten eines Kursanstiegs unattraktiv. Dieser Mechanismus ist meiner Meinung nach mitverantwortlich dafür, dass viele Privatanleger im ersten Jahr an der Börse Verluste machen und ein Teil von ihnen sich danach mit Entsetzen von dieser Form der Geldanlage abwenden.

Neben der Flucht bliebe im Zustand der Panik noch eine Alternative, nämlich den Kampf aufzunehmen. Um das Depot zu kämpfen, klingt zunächst nach einem guten Plan.

Quelle: Gerd Altmann auf Pixabay (lizenzfrei)

Quelle: RyanMcGuire auf Pixabay (lizenzfrei)

Leider ist das Vernunfthirn, also der präfrontale Cortex als Teil des Großhirns, nun mehr oder weniger »abgeschaltet«. Gekämpft wird also rein emotional. Wer jetzt am Rechner oder am Handy sitzt und tradet, begeht mit großer Wahrscheinlichkeit massive Fehler: Möglicherweise werden jetzt abgestürzte Aktien ohne Überlegung massenhaft zugekauft, dabei wird dann völlig übersehen, dass es bei riskanten Aktien sehr problematisch ist, ins fallende Messer zu greifen, da sinkender Kurs nicht vor weiteren Kursverlusten schützt.

In diesem Zusammenhang möchte ich auch auf den Hormon-Cocktail verweisen, der im Gefühlszustand der **Euphorie** entsteht. So stehen beispielsweise auch Endorphine einem vernunftbetonten Vorgehen im Weg und sind für Anleger mitunter gefährlich.

Getrieben von zunehmender Gier werden Risiken (unbewusst) ausgeblendet und beispielsweise Aktien, die bereits rasch angestiegen sind, nachgekauft, anstatt die eingefahrenen Gewinne durch Teilverkäufe abzusichern.

Quelle: tumisu auf Pixabay (lizenzfrei)

Im Zustand der Euphorie werden alle Informationen, die den Glückszustand beeinträchtigen könnten, unbewusst ausgeblendet oder so uminterpretiert, dass sogar Informationen als Bestärkung der eigenen Meinung gesehen werden, die dazu im Widerspruch stehen. Man unterliegt also einer Wahrnehmungsverzerrung.

Ein Börsengang wird dann beispielsweise als die Investment-Chance schlechthin gesehen, obwohl zum betreffenden Unternehmen noch gar keine verlässlichen Informationen vorliegen. Kritische Meldungen werden dann möglicherweise vorschnell als »befangen« oder »unreflektiert« ausgeblendet.

Auch hier gäbe einen Ausweg. Den präfrontalen Cortex wieder »hochfahren«, indem man z. B. einen kleinen Spaziergang macht, mit einer anderen Person ein Gespräch führt oder sich in einer kleinen Tabelle Pro- und Kontra-Argumente notiert.

Die folgende Tabelle zeigt eine Gegenüberstellung des emotional betonten Verhaltens im Zustand der Panik und Euphorie im Gegensatz zu vernunftbetonten Aktionen.

Szenario	Emotionaler Zugang in Panik bzw. Euphorie (»Amygdala-Alarm«)	Vernunftbetonter Zugang (»Aktivität des präfrontalen Cortex«)
Sinkende Kurse	**Flucht** »Aktien sind Mist! Warum habe ich mir das angetan? Weg damit!«	**Abwägung** »Es ist nun ein guter Zeitpunkt, um zu prüfen, ob die jeweiligen Aktien in Teilen verkauft werden sollten oder ob eine allgemeine Panik am Markt zu Zukäufen einlädt.«
Steigende Kurse	**Kampf** »Warum habe ich nicht mehr von diesen Aktien gekauft? Ich muss unbedingt jetzt gleich nachkaufen!«	**Abwägung** »Wenn der Anstieg plötzlich kommt und einem vorübergehenden Effekt geschuldet ist, sind Teilverkäufe ratsam, um Gewinne abzusichern.«
Panikmeldungen	**Flucht** »Ich habe ja schon immer gefühlt, dass Aktien viel zu riskant sind. Ich sollte das Geld lieber anders investieren.«	**Abwägung** »Langfristig gesehen ist eine Anlage in Aktien und ETFs alternativlos, wenn man die Inflation ausgleichen und Rendite erwirtschaften will.«
Gehypte Aktien, Neu-Emissionen	**Kampf** »Da will ich auf jeden Fall dabei sein!«	**Abwägung** Solange es keine Fundamentaldaten gibt, werde ich neue, vielversprechende Titel auf die Watchlist setzen und erst bei einem Kursrücksetzer einsteigen.
Anzahl der Trades	**Flucht + Kampf** Je nach Gefühlslage wird häufig verkauft oder gekauft.	**Abwägung** Um Kosten zu sparen, wird ein Großteil der Aktien über Jahre gehalten.

Glücklicherweise sind wir Menschen aber nicht völlig hilflos. Aus der Forschung kennt man inzwischen einige Möglichkeiten, um Emotionen besser zu kontrollieren.

9.3.4 Mit der A-A-B-B-Regel die Panik beenden

Neben gezielten Übungen zur Achtsamkeit im Allgemeinen und zur Selbstwahrnehmung im Besonderen gibt es auch Möglichkeiten zur Stressbewältigung, um aus dem Panikmodus schneller wieder herauszukommen und dadurch in den vernunftbetonten Zustand wechseln zu können.

Cortisol und Adrenalin werden glücklicherweise schnell wieder abgebaut, das heißt, sie sind nach einem relativ kurzen Zeitraum schon nicht mehr dominant.

Manche Übungen wirken auch prophylaktisch, das heißt man kann manchmal schon im Vorfeld eine Machtübernahme durch die Amygdala verhindern. Dazu stelle ich ein paar einfache Tipps vor, die ich auf Basis meiner Erfahrungen als Fortbildner für Lehrkräfte auch als **A-A-B-B-Regel** bezeichne. Nähere Informationen und hilfreiche Youtube-Clips zu den einzelnen Bereichen findet man problemlos im Internet.

- **Ausatmen**
  In Stresssituationen werden viele Menschen kurzatmiger, der Rücken und der Nacken spannen sich dann immer mehr an. Durch gezielte Atmung lässt sich diese Anspannung gut lösen. Dazu ist es hilfreich, tiefe Atemzüge zu nehmen und sich beim Ausatmen (durch den Mund) besonders viel Zeit zu lassen.
  Idealerweise geht dies mit einer Lockerungsübung einher. Während man sich beim Luftholen etwas anspannt und die Schultern hochzieht und sich groß macht, lässt man beim Ausatmen die Arme baumeln und neigt sich mit dem Oberkörper nach unten. Bereits ein paar wenige solcher bewussten Atemzüge können dann schon ausreichen, um den Cortisol- und Adrenalingehalt zu senken.

- **Abstand**
  Besonders hilfreich ist es, bei aufkommender Panik aus der Situation herauszugehen. Das muss nicht fluchtartig geschehen, sondern ganz in Ruhe. In einer angespannten Streitsituation mit anderen Menschen kann schon ein bewusster Schritt rückwärts oder ein Blick aus dem Fenster oder die Konzentration auf ein anderes Ereignis oder einen bestimmten Gegenstand hilfreich sein.

- **Bewegung**
  Es gilt inzwischen als nachgewiesen, dass ausreichende körperliche Bewegung den Cortisol-Ausstoß nachhaltig verringert. Wenn ich spüre, dass ich

unter Druck gerate und sich irgendeine Gelegenheit ergibt, dann gehe ich spazieren, radfahren oder suche nach möglichen Alternativen. Bewegung hat auch einen vorbeugenden Einfluss. Wenn ich also ritualisiert jeden Tag genügend Bewegung habe, ist die Gefahr, dass ich in einen panikartigen Zustand gerate, deutlich reduziert.

- **Berührung**
  Auch Berührungen wie Umarmungen oder Streicheleinheiten beispielsweise von Haustieren führen dazu, dass das Hormon Oxytocin, das die Aktivität der Amygdala hemmt, ausgeschüttet wird.

Quelle: Corinna Sander (lizenzfrei)

9.3.6 Das Spiel mit unserer Angst im Drama-Dreieck der Geldanlage

Eine weitere Möglichkeit, unbewusste Verhaltensmuster an die Oberfläche zu heben, besteht in einer transaktionsanalytischen Betrachtung.

In diesem Modell unterteilt man das menschliche Ich in drei Bereiche.

Die drei Bereiche **Eltern-Ich**, **Erwachsenen-Ich** und **Kind-Ich** sind dabei in jedem Menschen, unabhängig vom Alter, in verschiedenen Facetten vorhanden, treten aber je nach Situation in unterschiedlicher Ausprägung in den Vordergrund.

Bereich I: Eltern-Ich

Dieser Anteil repräsentiert Fürsorge und Kritik. Die Kritik kann dabei so ausgeprägt sein, dass man von überkritischem Verhalten spricht. Wer sich in diesem Zustand befindet, findet immer ein »Haar in der Suppe«, ist in der Regel mit getroffenen Entscheidungen unzufrieden und hält auch die Mitmenschen für wenig kompetent. Wenn man versucht, seinen Mitmenschen durch Überbehütung eigene Entscheidungen abzunehmen, befindet man sich im (über-)behütenden Eltern-Ich.

Bereich II: Erwachsenen-Ich

Wer sich im Zustand des Erwachsenen-Ichs befindet, ist sich seiner Emotionen weitgehend bewusst und wägt Argumente nüchtern gegeneinander ab. Dieser Zustand ist demnach auch aus Aktionärssicht anzustreben. Doch in manchen Situationen gerät man sehr schnell in den Bereich I oder den Bereich III.

Bereich III: Kind-Ich

Im Kind-Ich-Zustand, der ja auch bei Erwachsenen eine wichtige Rolle spielen kann, liegt der Fokus auf der Gegenwart. Die Emotionen übernehmen dabei die Kontrolle, das überlegte Handeln tritt in den Hintergrund. Man unterscheidet dabei das (über-)angepasste Kind-Ich, dass aus Angst keine eigenen Entscheidungen fällt, sondern blind dem folgt, was andere sagen. Das rebellische Kind-Ich lehnt hingegen alles rigoros ab und hält an seinen Ansichten fest, ohne sie begründen zu können. Diese Verhaltensweisen führen an der Börse zu Herden-Verhalten bzw. zu fehlender Einsicht im Hinblick auf das eigene Fehlverhalten, ähnlich wie dies auch mit dem Begriff »Behavioral Biases« beschrieben wird.

Neben dem angepassten und rebellischen Kind-Ich gibt es schließlich noch den Zustand des freien Kind-Ichs, der sich durch ein Höchstmaß an Spontanität und Kreativität auszeichnet. Dieser Zustand kann ich manchen Lebenslagen hilfreich sein, aus Anlegersicht steht aber auch er einer langfristigen, sinnvollen Anlage-Planung im Wege.

Von der **Transaktionsanalyse** spricht man dann, wenn zwei oder mehr Personen aufeinandertreffen. Sobald sich eine dieser Person nicht im Erwachsenen-Zustand befindet, können **»Spiele«** entstehen.

Solche Spiele sind geprägt von unbewussten Abhängigkeiten, die beispielsweise in einem Drama-Dreieck enden.

In einem **Drama-Dreieck** spielt beispielsweise eine Person unbewusst das Spiel des »Opfers«, da sie sich selbst wenig zutraut.

Quelle: Clker-Free-Vector-Images auf Pixabay (lizenzfrei)

Diese Person befindet sich im überangepassten Kind-Ich-Zustand und sucht unbewusst nach einem Retter, der ihr dann sagt, was sie zu tun hat. Dieser Retter befindet sich meist im überfürsorglichen Eltern-Ich-Zustand.

Quelle: suethomas auf Pixabay (lizenzfrei)

Das Dreieck vervollständigt sich, sobald der Retter gleichzeitig zum Verfolger wird, in dem er zwischen dem überfürsorglichen und dem überkritischen Eltern-Ich-Zustand hin- und herwechselt.

Quelle: nitanever auf Pixabay (lizenzfrei)

Dieses Szenario spreche ich bewusst an, weil auch so mancher Anleger unbewusst in solch ein Drama-Dreieck hineingeraten kann. Das passiert vermutlich gar nicht so selten, beispielsweise dadurch, dass man sich von Anderen sagen lässt, was man zu tun hat, ohne in seiner Eigenverantwortlichkeit bestärkt zu werden. Diese Anderen werden dann zum Retter. Berater, die dem Anleger selbst nichts zutrauen und ihn stattdessen zu kostspieligen Anlageprodukten überreden, nutzen diese Dynamik und werden zum Verfolger, der oft auch gleichzeitig die Retter-Rolle einnimmt. Dieses Szenario kommt dem Drama-Dreieck ziemlich nahe.

Im Internet trifft man besonders häufig eine andere Masche an: Durch Panikmeldungen (z. B. »Die Blase am Aktienmarkt platzt bald!« oder »Dieser ETF ist hochriskant!«) wird man gezielt verunsichert. Mit solchen dominanten, oft oberlehrerhaften Ansagen soll der Anleger verunsichert werden, um dann die Rettung in kostenpflichtigen Bereichen zu erfahren. Der Verfolger, der gerade noch versucht hat, mich zu verängstigen, bietet mir dann einen Klick später seine Rettung an.

Wenn ich in einer solchen Situation nicht aufpasse, lande ich schnell und unbewusst in einem »transaktionsanalytischen Spiel«, in dem ich zunächst in die Opfer-Rolle gedrängt werde. Solche Spiele laufen situationsbezogen ab und lassen keine Rückschlüsse auf die Persönlichkeitsmerkmale zu. Als »Opfer« kann ich demnach in anderen Kontexten sehr selbstbewusst auftreten und dabei auch selbst in die Retter- oder Verfolger-Rolle schlüpfen.

Es kann auch sein, dass ich mich (unbewusst) gerne in die Opfer-Rolle drängen lasse, beziehungsweise diese gerne einnehme, um nicht selbst verantwortlich gemacht werden zu können, wenn etwas schiefläuft.

Die transaktionsanalytische Betrachtung zeigt übrigens auch gleich **Auswege aus dem Drama-Dreieck** auf. Dabei hat es jeder Akteur in der Hand, seine Rolle zu wechseln – vorausgesetzt, er ist sich ihrer bewusst.

Aus dem Retter, der es mit seiner (Über-)Fürsorge vielleicht gut gemeint hat, wird dann ein **Coach**, der es dabei belässt, Impulse zu geben und dem Gegenüber Selbstverantwortlichkeit zutraut. Ein Coach wiederum handelt vernunftbetont und weniger emotional.

Quelle: mohamed_hassan auf Pixabay

Der Verfolger kann jederzeit zum **Verhandler** werden, indem er aus dem Erwachsenenzustand heraus beim Lösen der Probleme hilft, ohne den anderen zurechtzuweisen. Auch das geschieht auf Augenhöhe, und die Emotionen treten dabei in den Hintergrund.

Auch das sogenannte Opfer kann zum **Problemlöser** werden, indem es nach eigenen Lösungswegen sucht und die Verantwortung nicht gänzlich auf andere verlagert. Auch das kann nur funktionieren, wenn man nicht von Angst und Panik dominiert wird. In solchen Situationen können dann Lösungswege skizziert und Abwägungen anhand von Pro-Kontra-Listen angestellt werden. Das Gute dabei ist: Man wartet nicht passiv ab, hinterfragt sich nicht ständig und stoppt mit der Grübelei, sondern man wird aktiv und nimmt sich dadurch als selbstwirksam wahr.

Bei sinkenden Kursen kann man seine Energie darauf verwenden, das Depot konstruktiv weiterzuentwickeln, ohne zu hektisch zu werden. Man kann in dieser Phase seine Watchlist mit substanzwertstarken Titeln bestücken, die man bei weiter sinkenden Kursen gegebenenfalls zukauft. Wenn das Depot gut aufgestellt ist, hilft dabei oft das Aussitzen zwischenzeitlicher Einbrüche und die Konzentration auf andere Dinge.

Umgekehrt ist es auch wichtig, sich in seiner Euphorie zu bremsen, wenn man zu überzeugt von sich ist und dann die Risiken nicht ausreichend prüft.

Abgeleitet von den transaktionsanalytischen Betrachtungen versuche ich in Gesprächen mit anderen weitestgehend die Rolle des Coachs bzw. des Verhandlers und Problemlösers einzunehmen, unabhängig davon, ob ich nun als Lehrer, Fortbilder oder Dozent fungiere.

Die von mir entwickelte Übertragung eines typischen »Spiels« auf den Anlagebereich, das sich transaktionsanalytisch erklären lässt, fasse ich in folgender Tabelle zusammen. Dabei stelle ich die von Emotionen geprägten ungünstigen Verhaltensweisen, die mit den Rollen des Verfolgers, Retters und Opfers einhergehen, den konstruktiven, vernunftorientierten Auswegen gegenüber.

Das Drama-Dreieck bei der Geldanlage

Rolle	Problematisches Verhalten (von Emotionen geprägt)	Auswege aus dem Spiel (vernunftbetont)
»Verfolger«	Die betreffende Person meint zu wissen, was für ihr Gegenüber gut ist und geht daher nicht auf dessen Wünsche ein und hält diesen Menschen für inkompetent. Häufig werden gezielt Angst und Panik verbreitet.	Wechsel in die Rolle des **Verhandler**s. Die betreffende Person beschränkt sich auf Impulse und wägt gemeinsam mit den anderen ab, welcher Weg hilfreich sein könnte.
»Retter«	Die betreffende Person übernimmt (oft gegen üppige Bezahlung) die komplette Verantwortung und meint, das Gegenüber vor allen Gefahren beschützen zu können.	Wechsel in die Rolle des **Coachs**. Die betreffende Person zeigt Ideen und Möglichkeiten auf, getreu dem Motto von Maria Montessori: »Hilf mir, es selbst zu tun!«
»Opfer«	Die betreffende Person überträgt die Verantwortung auf andere und zeigt sich dabei unsicher.	Wechsel in die Rolle des **Problemlösers**. Die betreffende Person möchte die Entscheidungen mitverantworten und geht mit dem Coach bzw. dem Verhandler in einen konstruktiven Austausch.

9.3.7 Die Akzeptanz von Volatilität und Irrationalität

Thesen:

- Märkte verhalten sich weitgehend irrational.
- Es fällt vielen Menschen sehr schwer, zu ertragen, dass die Zukunft nur sehr begrenzt planbar ist.
- Schwankungen, Rhythmen, Zyklen und Unwägbarkeiten sind ein wesentlicher Bestandteil unseres Lebens.

Kann man aus der **Wirtschafts-Geschichte** lernen? Langfristige Betrachtungen konjunktureller Zyklen der Vergangenheit, vor allem aber die Entwicklungen der großen Aktienindizes seit 1949, helfen mir dabei, aktuelle Krisensituationen besser einschätzen zu können. Meine erste Aktienanlage ist inzwischen auch schon über 20 Jahre her, die Dotcom-Krise habe ich also auch als Anleger noch live miterlebt. Ebenso habe ich den Frust vieler enttäuschter Anleger mitbekommen, die gemäß dem Herdenverhalten erst relativ spät eingestiegen sind, als viele Aktien-Kurse bereits enorm hoch standen, darunter auch die Telekom-Aktie. Sie kletterte im Jahr 2000 auf über 100 Euro, bevor sie im Jahr 2002 auf unter 9 Euro abrutschte. In ihrer Wut wandten sich daraufhin enttäuschte Anleger auch an Manfred Krug, der medienwirksam für die T-Aktie warb. Die Anleger hatten das Risiko offensichtlich unterschätzt und dazu einen denkbar schlechten Einstiegszeitpunkt gewählt.

Bis zu einem gewissen Grad wäre das vermeidbar gewesen, das hatte mir meine Mutter Beate ja schon vorgelebt. Bei ihr hielten sich die Verluste Anfang 2002 dank der breiten Streuung des Portfolios in Grenzen. Einen großen Teil der Aktiengewinne, die Beate mit einem nicht geringen, aber überschaubaren Grundkapital (ihre ursprüngliche Anlagesumme entsprach dem Preis eines Kleinwagens) in den späten 1990er-Jahren erzielte, hatte sie durch Teilverkäufe bereits umgeschichtet in weniger riskante Titel.

Neben erklärbaren Übertreibungen an der Börse fallen bei langfristiger Betrachtung aber auch **konjunkturelle Schwankungen** auf, die in mehrjährigen Zyklen ablaufen, wenngleich die Zyklusdauer etwas uneinheitlicher geworden ist und daher nicht mehr so zuverlässig den damals üblichen vier bis fünf Jahren entspricht.

Was man bei der Suche und Analyse der bisherigen Entwicklungen an den Aktienmärkten nicht unterschätzen sollte, ist das beträchtliche Maß an Irrationalität. Aus den vorangegangenen Kursentwicklungen lassen sich allenfalls kurzfristige Trends ableiten, aber selbst diese können blitzschnell umkehren.

Darum tut man gut daran, einen guten Teil der Aktien auch in schlechten Zeiten zu halten, sofern man das Geld nicht kurzfristig benötigt. Die Kursanstiege nach Rückschlägen kommen meist plötzlich und unerwartet. Auf die zündende Rakete aufzuspringen ist dann nicht mehr möglich.

Zyklen zu akzeptieren und Kurseinbrüche durchzustehen, diese beiden Dinge gehören für mich untrennbar zusammen. Als ich gefragt wurde, ob ich davon ausgehe, dass es zu einem **Crash** kommt, antwortete ich:

> *»Selbstverständlich wird es zu einem Crash kommen! Die Frage lautet für mich daher nicht, ob ein Crash kommt, sondern wann er kommt! Aber genauso überzeugt bin ich auch davon, dass auf diesen Crash früher oder später auch wieder ein neues Allzeithoch folgt, denn das war den letzten Jahren und Jahrzehnten immer so und das reduziert meine Angst.«*

Während manche Anleger in akribischer Feinarbeit immer mehr Daten zusammentragen, um daraus abzuleiten, ob eine Aktie über- oder unterbewertet ist, verkennen sie, dass eine längerfristige Vorhersage dennoch unmöglich ist, da es sich um ein viel zu komplexes und daher in Teilen auch **irrationales Gesamtsystem** handelt.

»Ich weiß, dass ich nichts weiß!« Diesem Zitat aus der Antike, das dem Philosophen Sokrates zugeschrieben wird, sollte gerade auch in Bezug der Finanzmarktanalyse mehr Gewicht gegeben werden.

Aus der Physik weiß man spätestens seit der Theorie über die Unschärferelation, die Werner Heisenberg bereits 1929 aufgestellt hatte, dass komplementäre Ereignisse niemals vollständig vorhergesagt werden können. Zwar ging es bei Heisenberg um Ort und Impuls eines Photons und nicht um Finanzmärkte, aber das Grundprinzip halte ich für vergleichbar.

Da sich langfristig seit vielen Jahrzehnten dennoch hohe Renditen an den Aktienmärkten erzielen lassen, möchte ich nun noch einen stochastischen Vergleich ziehen.

Wenn ich einen Würfel habe, der nicht manipuliert ist, kann ich unmöglich vorhersagen, welche Zahl als nächstes kommen wird. Würfle ich hingegen zehn Mal hintereinander und addiere alle Werte, trifft mit hoher Wahrscheinlichkeit eine Summe zwischen 25 und 45 ein. Eine Summe unter 10 oder über 50 ist dann schon sehr unwahrscheinlich, wenn auch nicht komplett unmöglich. So ähnlich könnte man das auch für die Rendite einen Zehnjahres-Zeitraums betrachten. 50 bis 100 Prozent Kurszunahme entsprächen dem langfristigen Mittel, weniger als 20 Prozent oder mehr als 300 Prozent Zuwachs sind eher die Seltenheit.

Da sich die Kursverläufe einzelner Aktien stark unterscheiden, achte ich auf Ausgewogenheit und auf eine breite Streuung der Geldanlage.

Aus dem hohen Maß an Irrationalität leite ich noch einen weiteren Grundsatz ab, der für mein Handeln zentral ist: Ich verzichte vollständig auf kostenpflichtige bzw. renditeschmälernde Produkte wie Zertifikate. Da mein Fokus von Anfang an auf Qualitäts-Aktien mit langfristiger Perspektive liegt, gibt es keinen Grund, auf sinkende Kurse zu setzen oder mit Hebeln die Schwankungsbreite noch weiter zu erhöhen.

Langfristig darf ich dann von einer positiven Rendite ausgehen. Die Frage eines gut diversifizierten und substanzstark aufgestellten Depots ist nicht, ob es zu einem neuen Allzeithoch kommt, sondern nur wann.

Aus der wirtschaftswissenschaftlichen Forschung und aus den bisherigen langfristigen Renditeentwicklungen lässt sich ableiten, dass große Indizes wie der DAX und andere in den nächsten Jahren weiter ansteigen werden.

Eine langfristige Einschätzung wie ein Punktestand des DAX von über 20.000 Punkten vor dem Jahr 2030 erscheint auf dieser Grundlage wahrscheinlich. Eine Aussage zum DAX-Verlauf in den nächsten zwölf Monaten bleibt hingegen weitestgehend spekulativ.

9.3.8 Neu-Rahmung / Reframing

Selbst dann, wenn ich mit meinem breit gestreuten Portfolio langfristig gut aufgestellt bin, wenn ich mir meiner verborgenen Emotionen bewusst geworden bin und Angst sowie Panik zu kontrollieren gelernt habe, ist noch nicht garantiert, dass ich als Aktionär zufrieden sein werde.

In Phasen zurückgehender Kurse, die aufgrund konjunktureller Schwankungen und irrationaler Einflüsse unvermeidbar sind, wird die emotionale Befindlichkeit auf eine harte Probe gestellt.

Um auch über solche Phasen gut hinwegzukommen, hilft mir wieder der psychologische Blickwinkel. Die differenzierte Wahrnehmung von Emotionen macht es mir möglich, meine Emotionen aktiv zu beeinflussen, statt mich von ihnen beherrschen zu lassen.

Psychologische Untersuchungen zeigen, dass sich das Maß an Zufriedenheit durch bewusstes Fokussieren auf die positiven Aspekte des Lebens deutlich erhöhen lässt.

Quelle: jmanuelito1313 auf Pixabay (lizenzfrei)

Eine hilfreiche Methode dazu nennt sich **Reframing** und entspringt dem NLP (Neuro-Linguistischen Programmieren). Man kann Reframing mit »Neu-Rahmung« übersetzen.

Für jedes denkbare Szenario wird dabei der Versuch unternommen, dem belastenden Ereignis einen neuen Rahmen zu geben.

Ein nachgebender Depotwert kann als bevorstehender Verlust gesehen werden. Man kann das Depot aber auch als langfristigen »Rendite-Bringer« ansehen, der auf seinem Weg nach oben selbstverständlich und unvermeidbar »zappelt«.

André Kostolany hat dazu eine schöne Umrahmung angeboten:[10] Er vergleicht die Entwicklung der Aktienkurse mit einem Hund, der beim Spazierengehen immer wieder vor und zurückläuft, letztlich aber seinem Herrchen folgt und sich bei Gesamtbetrachtung der Bewegungsrichtung doch nach vorn bewegt.

Besonders hilfreich für mich ist es, die Aktienanlage gerade bei Kursrücksetzern als Unternehmensbeteiligung zu betrachten. Wenn ich von dem Unternehmen, an dem ich als Aktionär beteiligt bin, wirklich überzeugt bin, dann gebe ich der momentanen Marktsituation weniger Gewicht, sondern freue mich eher darüber, als Anteilseigner Teil dieses Unternehmens sein zu dürfen.

Ein weiteres Beispiel für ein Reframing aus Anlegersicht ist noch grundsätzlicher mit den Grundfragen des menschlichen Daseins verbunden: Anstatt sich über einen Kursrückgang im Depot zu ärgern, kann man versuchen, dies als emotionale Herausforderung zu betrachten. Dadurch ist man langfristig in der Lage, finanziellen Sorgen weniger Raum zu geben und den maßgeblichen Bereichen mehr Gewicht zu geben, die für die persönliche Zufriedenheit letztlich eine größere Rolle spielen, wie etwa Achtsamkeit, soziale Verbundenheit und Zeit. Voraussetzung dafür ist allerdings, dass man von der Entwicklung des Depots nicht existentiell abhängig ist, ansonsten würde auch ich einen geringeren Anteil meiner Rücklagen in Aktien und ETFs stecken.

Durch bewusstes Reframing habe ich schon viele unangenehme Situationen entschärfen können. Im Lehrerberuf half es mir, meine Rolle und meine Einflussmöglichkeiten im System Schule realistischer zu betrachten.

---

10 vgl. Jessica Schwarzer: »Der Herr, der Hund und der Anleger« im Handelsblatt vom 11.08.2013.

Stressige Momente konnte ich besser als Herausforderung verstehen und vermeintlich persönliche Angriffe als systemische Überforderung des »Angreifers« umdeuten.

Ein Reframing kann auch durch das Bemühen stattfinden, die Situation aus einer anderen zeitlichen Perspektive zu betrachten. Dieser gedankliche Zeitsprung in die Vergangenheit oder die Zukunft hilft mir in besonderem Maße, zwischenzeitliche Kurverluste besser auszuhalten.

9.3.9 Emotionen umlenken

Unsere Gefühle können wir nicht unterdrücken, aber wenn wir uns ihnen konstruktiv stellen, kann es gelingen, sich nicht von ihnen beherrschen zu lassen. Angst, Wut und Zorn wühlen uns besonders auf. Wenn diese Emotionen dominieren, fällt selbst das Schlafen schwer.

Aus solchen schlafraubenden Gefühlen versuche ich dann, wenn möglich, in den Zustand der Trauer zu wechseln. Trauer gilt Vielen als negativ behaftete Emotion, zu Unrecht, wie ich finde, denn Trauer kann etwas Befreiendes in sich tragen. Aus der Trauer entwickelt sich oft das Gefühl des Loslassen-Könnens, aus dem wiederum das Gefühl des Sich-frei-Fühlens entstehen kann.

Gerade nach meinem Dienstaustritt aus der Schule habe ich diese Prozesse besonders intensiv durchlaufen. Die Wut auf das starre Schulsystem und den vermeintlich sturen Vorgesetzten wich der Trauer um die damit einhergehenden beendeten menschlichen und kollegialen Beziehungen.

Die Angst vor den beruflichen Veränderungen wich der Trauer um die wegfallenden Absicherungen und Vergünstigungen, die man als Beamter zweifellos genießt. Doch dann wurden die Neugierde und die Lust, etwas Neues auszuprobieren, immer größer.

Dieses Vorgehen, aus dem nicht-produktiven Zustand der Wut in einen Zustand der Trauer zu wechseln, halte ich für sehr geeignet, um dann ziel- und lösungsorientiert nach vorn zu sehen. Das braucht zwar viel Zeit, aber letztlich kann man langfristig eine ganze Menge damit erreichen.

Achtsamkeit, Soziale Verbundenheit und Freiheit. Das sind Dinge, die wirklich zufrieden machen – viel mehr als ein rein finanzieller Reichtum!

9.4 Wege zu mehr Zufriedenheit

Macht Geld glücklich? Was ist überhaupt Glück? Diese Fragen lassen sich nicht so leicht beantworten. Zunächst sind Freude, Glück und Zufriedenheit nicht dasselbe.

Freude ist eine besonders kurzlebige Emotion, die meist an eine ganz bestimmte Situation gekoppelt ist. Auch Glücksgefühle haben keine besonders lange Haltbarkeit. Sie stehen in Verbindung mit den Botenstoffen Dopamin und Endorphinen.

Diese Botenstoffe bauen sich schnell auf, was manchmal sogar in einem Zustand der Euphorie münden kann. Doch danach sinkt der Spiegel rasch wieder ab und er lässt sich nicht dauerhaft auf hohem Niveau halten. Zu einer dauerhaften Zufriedenheit tragen diese »Glückshormone« nur bedingt bei. Manchmal ist sogar das Gegenteil der Fall, da diese Botenstoffe auch bei Kaufzwängen oder anderen Suchterkrankungen eine wichtige Rolle spielen.

Aus den genannten Gründen erscheint ein Streben nach Glück eigentlich nur wenig sinnvoll. Anders verhält sich das mit der Zufriedenheit.

Zufriedenheit ist ein langfristiger Gemütszustand, der individuell sehr unterschiedlich ausgeprägt ist und sehr viel mit der Wahrnehmungsverarbeitung und dem Selbstkonzept zu tun hat. Das Gute daran ist, dass man jederzeit lernen kann, mit sich und seinem Leben zufriedener zu sein – und dass die Zufriedenheit nur bedingt mit materiellen Voraussetzungen zu tun hat.

In mehreren Studien wurde untersucht, wie sich der Zusammenhang zwischen Geld und Zufriedenheit darstellt.

Ein bestimmtes Einkommen hilft dabei, sich von existentiellen Nöten zu befreien. Der Zuwachs an Zufriedenheit ist im Niedriglohnbereich bei steigenden Einkommen bis zu einem monatlichen Netto-Einkommen von 2500 € besonders ausgeprägt.

Bei noch höheren Einkünften wächst das Zufriedenheitsgefühl kaum noch an.

Ein wichtiger Aspekt bei materiellem Wohlstand ist der Gewöhnungseffekt. Man gewöhnt sich schnell an Annehmlichkeiten und kann sie danach nicht mehr so leicht aufgeben. Das erklärt vielleicht auch, warum länderübergreifend Menschen aus materiell weniger wohlhabenden Gesellschaften laut Professorin Maike Luhmann genauso zufrieden sein können wie Menschen aus vermeintlich »reichen Nationen«.

Quelle: Alfonso Cerezo auf Pixabay (lizenzfrei)

Lottogewinner bekommen nicht selten die unangenehmen Seiten dieser Prozesse zu spüren. Während sie von vielen Mitmenschen beneidet werden, gerät ihr Leben nicht selten nach den ersten Glücksmomenten aus den Fugen und von der anfänglichen Euphorie bleibt schon nach wenigen Jahren nicht mehr viel übrig. Im Gegenteil. Soziale Beziehungen leiden unter den Neidgefühlen der Mitmenschen. Ich denke, man sollte jedem Lotto-Millionär gleich einen Psychotherapie-Gutschein dazuschenken.

Aus den genannten Erkenntnissen leite ich für mich ab, dass man Zufriedenheit auf anderen Wegen als durch ständigen Konsum erreicht. Damit ich zufrieden werden kann, muss ich zunächst meine Emotionen kennenlernen. Im nächsten Schritt sollte ich meine Bedürfnisse benennen können und dafür auch eintreten. Das setzt allerdings eine gehörige Portion Selbstbewusstsein voraus, was sich nur schrittweise entwickeln kann. Eine wichtige Rolle spielen hier soziale Beziehungen.

Einen weiteren Baustein zur Zufriedenheit bildet dann das oben beschriebene Reframing. Das alles hilft mir vor allem in schwierigen Zeiten, einen kühlen Kopf zu bewahren, geduldig zu bleiben und behutsam, aber beharrlich meinen Plan der Geldanlage weiterzuverfolgen.

Die bisherigen Überlegungen fasse ich in folgender Checkliste zusammen:

Schritte zu mehr Zufriedenheit	Erfüllt	Nicht erfüllt
☞ **Langer Anlage-Zeitraum** Das Geld, das ich in Aktien investiere, benötige ich in den nächsten zehn Jahren vermutlich nicht, und es ist auch danach nicht existentiell wichtig für mich.		
☞ **Geduld** Wenn es marktbreite heftige Kursrücksetzer gibt, gerate ich nicht in Panik.		
☞ **Ambiguitätstoleranz** Unvorhersehbare Ereignisse werfen mich nicht aus der Bahn. Ich halte es aus, nicht genau zu wissen, was in der Zukunft passieren wird.		
☞ **Bescheidenheit** An übertriebenen Luxus und exzessiven Konsum will ich mich nicht gewöhnen.		
☞ **Soziale Verbundenheit** Mir ist bewusst, dass finanzieller Reichtum nicht zwingend zufrieden macht, sondern dass es im Leben auch auf andere Dinge ankommt.		
☞ **Mentale Stärke** Die organischen Prozesse im Gehirn, die das Entstehen von Angst und Panik erklären, sind mir bewusst. Meine Emotionen nehme ich wahr und ich kann sie bis zu einem gewissen Grad kontrollieren.		

9.5 Der Crash als Chance zur Outperformance

2022 hat gleich mit kräftigen Korrekturen vor allem im Technologiebereich begonnen. Damit wurde bei einigen (zu) hoch bewerteten Aktien Dampf abgelassen. Durch die gestiegene Inflation und den Ukraine-Konflikt sorgen neue Probleme für Unruhe auf den Aktienmärkten. Wie verhalte ich mich, wenn es zu einem Crash kommt?

Wenn ich mir den Verlauf des Depotwertes meiner Mutter von 2001 bis 2020 ansehe, dann sticht eine Sache sofort ins Auge: Von Kursrückgängen war das Depot nicht verschont geblieben. So gab es fast in einem Drittel der Jahre, nämlich in den Jahren 2001, 2002, 2008, 2011, 2018 und 2020 zwischenzeitliche Kurseinbrüche von teilweise über 50 Prozent im Depot.

Quelle: Gerd Altmann auf Pixabay (lizenzfrei)

Allerdings wurden diese Kursrückgänge in den Folgejahren wieder wettgemacht, ja sogar mehr noch: Das Depot erhielt dadurch langfristig gesehen sogar einen besonders starken Auftrieb. Anders formuliert: Die Crash-Jahre boten erst den Nährboden für besonders starke Depot-Zuwächse der Folgejahre.

Um eine Erklärung für diese ungewöhnliche Entwicklung zu finden, sehe ich mir die Vorgehensweise genauer an. Ich habe aus den Dateien alle Depotveränderungen sowie die Volatilität seit 2000 zusammengefasst.

Obwohl der Anteil der DAX-Titel am Depot-Volumen nur ca. 10 Prozent beträgt, zeigen sich in manchen Jahren ähnliche Kursveränderungen, wenngleich der DAX lediglich in den Jahren 2003 und 2007 geringfügig besser performen konnte.

Die Dividenden-Erträge werden sowohl im Depot als auch im DAX als Perfomance-Index mitberücksichtigt.

Performance Vergleich »Beate Sander Depot« – DAX seit 2001				
Jahr	**Volatilität, Jahreshoch gegenüber Jahrestief**	**Jährliche Depot-Performance am Jahresende**	**Jährliche DAX-Performance am Jahresende**	**Anmerkungen**
2001	39 %	- 7 %	- 20 %	Dotcom-Krise
2002	38 %	- 26 %	- 44 %	Dotcom-Krise
2003	61 %	+36 %	+39 %	
2004	6 %	+19 %	+ 7 %	
2005	50 %	+42 %	+28 %	
2006	34 %	+31%	+22 %	
2007	27 %	+19 %	+21 %	
2008	43 %	- 29 %	- 40 %	Finanzkrise, größter Jahresverlust
2009	74 %	+33 %	+25 %	Stärkste Volatilität
2010	48 %	+41 %	+15 %	Größter Jahresgewinn
2011	22 %	– 5 %	- 15 %	Eurokrise
2012	30 %	+38 %	+30 %	
2013	21 %	+28 %	+25 %	
2014	12 %	+11 %	+ 3 %	
2015	23 %	+13 %	+10 %	
2016	26 %	+ 9 %	+ 7 %	
2017	25 %	+17 %	+13 %	
2018	17 %	- 16 %	- 18 %	Wirtschaftskrise
2019	38 %	+36 %	+26 %	
2020	53 %	+ 8 %	+ 4 %	Corona-Crash
2021	24 %	+16 %	+16 %	
Durchschnitt	33 %	+14,5 %	+ 8 %	

Auf den Depotverlauf der letzten 21 Jahre gehe ich nun näher ein:

- Das Jahr 2021 war im längerfristigen Vergleich ein vergleichsweise ruhiges Jahr mit durchschnittlicher Rendite. Die Volatilität (24 Prozent) war deutlich niedriger als im Durchschnitt (33 Prozent), auch wenn sich das manchmal anders angefühlt hat. Wie bereits im Vorjahr beziehen sich die Renditen lediglich auf den übernommenen Teil des Depots. Das Depot-Volumen ist durch die Aufteilung der Erbschaft auf ein Dutzend Personen wesentlich geringer als ursprünglich.

- Die höchsten Kursausschläge gibt es oft im Folgejahr einer Krise, so auch 2003 und 2009.
- Die Verluste am Jahresende konnten größtenteils im Folgejahr aufgeholt werden.
- Im Zeitraum von zwei Jahren nach einem Kursrückgang war der Zuwachs im Depot besonders ausgeprägt.
- Durchschnittlich war die Performance der letzten 20 Jahre deutlich höher als beim DAX, obwohl keine nennenswerten Kapitalzuflüsse ins Depot stattfanden.
- Außer während der Dotcom-Krise folgten nie zwei Verlustjahre aufeinander. Im Dotcom-Crash von 2000 bis 2002 stürzte der DAX von 8.150 auf 2.200 Punkte ab. Der Neue Markt verlor sogar mehr als 95 Prozent. Die größten Kurseinbrüche gab es bereits in den Jahren 1929 und 1987.
- Die Jahre 1996 bis 2000 brachten ein besonders fulminantes Wachstum vieler Aktien. Selbst der DAX brachte es in diesen Jahren auf einen jährlichen Zuwachs von teils deutlich über 20 Prozent. Damals wurde noch analog bzw. über das Telefon gehandelt, daher habe ich diesen Zeitraum in der Tabelle nicht berücksichtigt. Beate nutzte die starken Kursgewinne der späten 1990er-Jahre und bildete in dieser Zeit den Grundstock für den späteren Depotaufbau. Während danach, vor allem in den Jahren 2001 und 2002, die meisten Privatanleger entnervt hinschmissen, ging es bei ihr trotz der zwischenzeitlichen Verluste erst richtig los!
- Im Herbst 2008 und Frühjahr 2009 kam es durch die weltweite Finanz- und Wirtschaftskrise zum erneuten Crash-Szenario. Der DAX sank auf 3.600 Punkte. Untergangspropheten malten den nächsten Crash in düsteren Farben aus. Aber niemand wusste: Wann? Wie lange? Wie heftig? Einen Technologiecrash gab es im Dezember 2018. Danach erholten sich die Kurse kräftig. Auch auf den Corona-Crash mit verheerenden wirtschaftlichen Einbrüchen folgte nach kurzer Durststrecke wieder eine Erholung auf neue Höchststände.

Während etliche Anleger bei starken Rücksetzern und während eines Crashs aufgeben und aus dem Aktieninvestment aussteigen, nutzte Beate ihre ganze Energie und Zeit zur behutsamen, aber beharrlichen Depot-Umschichtung, um sich die daraus entstehende Chance zur Outperformance nicht entgehen zu lassen.

Auch ich will auf das nächste **Crash-Szenario** gut vorbereitet sein. Dazu stelle ich bereits im Vorfeld eine Watchlist auf. Darin sind besonders substanz- und wachstumsstarke Aktien als Zukauf-Kandidaten enthalten, die nur deshalb noch nicht im Depot sind, weil mir der Kurs derzeit noch zu hoch ist. Auf der Watchlist markiere ich auch Bestands-Aktien, die im Falle eines Rücksetzers als Zukauf infrage kommen.

Auch **ETFs** kommen für einen eventuellen Neukauf oder Zukauf infrage. Bei besonders breit gestreuten ETFs bin ich ohnehin gelassener, denn sie sind erst dann in größerem Umfang betroffen, wenn aus branchenbezogenen oder länderbezogenen Krisen eine allgemeine Panik am Markt entsteht. Das kann man dann in aller Regel gut aussitzen bzw. mit einem Aufstocken solcher ETFs in Rücksetzer-Phasen den günstigen Kurs zum Zukauf nutzen.

Bei dem Tech-Rückgang 2022 gehe ich etwas differenzierter vor. Zum einen ging der Bewertung vieler Tech-Aktien eine Überhitzung voraus, die ihren Ursprung in den sehr starken Kurssteigerungen der Vorjahre hatte. Dies betraf zunächst vor allem solche Technologie-Unternehmen, die noch nicht über eine ausgeprägte Profitabilität verfügen und daher in stärkerem Maße unter steigenden Zinsen litten. Ein Nachkauf in genau diesem Bereich kommt für mich erst dann infrage, wenn ein panikgetriebener Abverkauf die Kurse unter Wert treibt.

Um auf Momente niedriger Kurse reagieren zu können, bilde ich bereits in guten Zeiten **Rücklagen**. Meine Cashquote stieg durch Teilverkäufe und Dividenden-Einnahmen im Jahr 2021 zwischenzeitlich auf gut 20 Prozent an.

Alternativ kämen auch Umschichtungen im Depot infrage, um besonders übertrieben abgestrafte Einzeltitel zuzukaufen, aber das ist nicht ohne Risiko, weil dafür die treuen, wertstabilen Aktien bluten müssten. Was mir **niemals** in den Sinn käme, wäre ein Aktienkauf auf Pump, da dies zu existentiellen Nöten führen könnte.

Meist erfolgen Rücksetzer blitzschnell. Die Kurse brechen manchmal auch über Nacht drastisch ein, selbst Stop-Loss-Order könnten davor nur bedingt schützen, weil die erste Kursfeststellung beim morgendlichen Handels-Start vielleicht schon weit unter dem Limit liegt. Die Gegenbewegung erfolgt dann mitunter auch sehr schnell, sodass ich dann mit dem Zukaufen nicht zu lange warte, sondern die Zukäufe auf mehrere Etappen verteile.

Die Zukäufe erfolgen dann **in Chargen.** Hilfreich ist es dabei, verschiedene Szenarios durchzuspielen und daraus eine Strategie abzuleiten. Als Fieberthermometer nutze ich die beiden Indizes DAX und S&P 500. Zur Vereinfachung gehe ich in der folgenden Tabelle lediglich von DAX-Werten aus. Begrifflich definiere ich einen Crash als einen drastischen Kursrückgang um über 20 Prozent innerhalb weniger Monate. Der Entwurf eines solchen Szenarios erhöht die Wahrscheinlichkeit, einen kühlen Kopf zu behalten und sich nicht von den Emotionen leiten zu lassen.

Die Abstände für die einzelnen Kauf-Chargen werden dabei schrittweise erhöht von anfangs 300 Punkten, dann 400 Punkte, 500 Punkte bzw. -4, -6, -9, -13, -18, ... Prozent. Selbst als der DAX unter 14.000 Punkte fiel, was im Zuge des Ukraine-Krieges dann im Februar/März 2022 auch geschah, hatte ich noch immer eine Cash-Reserve und musste die Gedanken nicht destruktiv um die Sorgen vor Verlusten kreisen lassen, sondern ich konnte und kann jetzt die Energie dafür nutzen, aus der Situation langfristig einen Gewinn entstehen zu lassen. Informationen zum aktuellen Börsengeschehen biete ich auch über meine Homepage www.boersenpirat.de an.

Mein Plan für ein Crash-Szenario		
Szenario	**Dax-Stand**	**Reaktion**
Flash-Crash (bzw. kurzfristiger Rücksetzer)		Da ich keine automatischen Stop-Loss-Limits setze, kann ich Flash-Crashs gut aussitzen.
Crash einzelner Branchen		Zukauf: Ein Zehntel vom Cash stecke ich in übertrieben abgestrafte oder in Sippenhaft genommene Aktientitel, die trotz guter Geschäftszahlen mit dem Gesamtmarkt nach unten gezogen wurden.
Regional begrenzter Crash		Umschichtung und Teilverkauf von Aktien aus den betroffenen Regionen, wenn nachhaltige und dauerhafte Schwierigkeiten zu erwarten sind.
Marktbreiter Rücksetzer bzw. Crash Ausgangspunkt dieser Szenario-Berechnung ist der DAX-Punktestand von 16.000	DAX -4 % / unter 15.400	Zukauf: ein Zehntel vom Cash (Cashquote anfangs bei ca. 20 %) -
	-6 % / unter 15.100	Zukauf: ein Zehntel vom verbliebenen Cash (Cashquote 18 %) -
	-9 % / unter 14.700	Zukauf: ein Zehntel vom verbliebenen Cash (Cashquote 16,2 %)
	-12 % / unter 14.200	Zukauf: ein Zehntel vom verbliebenen Cash (Cashquote 14,6 %)
	-15% / unter 13.600	Zukauf: ein Zehntel vom verbliebenen Cash (Cashquote 13,1 %)
	-19 % / unter 12.900	Zukauf: ein Zehntel vom verbliebenen Cash (Cashquote 11,8 %)

Die Tabelle zeigt: Ich erhöhe die Abstände, die der DAX nachgeben muss, bevor ich einen weiteren Zukauf tätige. Außerdem nutze ich immer ein Zehntel des verbliebenen Cashs. Auf diese Weise ist gewährleistet, dass selbst bei drastischen Kursverlusten immer noch Rücklagen übrigbleiben und die Cashquote nie auf null sinken kann.

Wenn danach die Kurse wieder steigen, freue ich mich im Nachhinein über jeden Zukauf, während andere sich ärgern, die günstigen Kaufkurse nicht genutzt zu haben. Das kann allerdings nur funktionieren, wenn man über nicht dringend benötigte Rücklagen verfügt. Andernfalls sorgt die zeitliche Streuung durch Ansparpläne automatisch für einen Profit aus den gesunkenen Kursen.

Kapitel 10
Anhang

10.1 Aktuelles Börsenlexikon

A

Abgeltungsteuer
Kursgewinne beim Altbestand vor 2009 sind steuerfrei. Für alle Kursgewinne im Aktienneubestand fällt in Deutschland eine Abgeltungsteuer von 25 Prozent plus Solidaritätszuschlag und gegebenenfalls Kirchensteuer für Mitglieder an. Sie wird automatisch von der Depotbank eingezogen. Das Finanzamt greift zu, sobald der Pauschalfreibetrag, der künftig 1000 Euro für Singles und 2000 Euro für Ehepaare betragen soll, aufgebraucht ist. Im Neubestand sind Verluste und Gewinne miteinander verrechenbar. Allerdings gibt es dafür bestimmte Beschränkungen. So dürfen beispielsweise Kursverluste nicht mit Dividenden verrechnet werden. Ob diese Regelung allerdings Bestand hat, ist noch offen.

ADR
Die sogenannten **A**merican **D**epository **R**eceipts erwecken zunächst den Eindruck, als handelte es sich um gewöhnliche Aktien. Schließlich haben sie wie Aktien eine Wertpapierkennnummer (WKN) und werden in gleicher Weise gehandelt. In Wirklichkeit handelt sich aber um Zertifikate, also um künstliche Nachbildungen von Aktien, die von amerikanischen Kreditinstituten herausgegeben werden. Das hat Vor- und einen Nachteile:

Ein Vorteil besteht darin, dass solche ADRs auch von exotischen Aktien aufgelegt werden, die sonst für Privatanleger nur schwer oder gar nicht handelbar wären. Außerdem können ADRs auch aus einem Bruchteil einer Aktie bestehen, die ansonsten vielleicht zu teuer zum Kauf wäre.

Der Nachteil besteht vor allem darin, dass das ADR an die emittierende Bank oder Börse gebunden ist. Daher kann es im Fall einer Insolvenz wertlos werden. Außerdem ist eine Enteignung oder Umstrukturierung eines ADRs leichter möglich als bei Aktien, und schließlich hat ein Investor keinerlei Mitspracherechte am betreffenden Unternehmen.

Trotz dieser Nachteile habe auch ich ein paar ADRs im Depot.

Aktie

Die Aktie verbrieft einen Anteil am Grundkapital. Der Aktionär ist Miteigentümer der AG. Es gibt folgende Rechte:

a) Verwaltungsrechte (Teilnahme an der Hauptversammlung, Auskunfts- und Rederecht, Stimmrecht) und

b) Vermögensrechte (Anspruch auf Dividende, wenn Gewinn ausgeschüttet wird; Bezugsrecht bei Kapitalerhöhung gegen Bareinzahlung, Berichtigungs- bzw. Gratisaktien bei Kapitalerhöhung aus Gesellschaftsmitteln).

Bezüglich der Rechte gibt es Stammaktien (ST = Stimmrecht auf der Hauptversammlung) und Vorzugsaktien (VZ = keine oder begrenzte Stimmrechte).

Aktienfonds, Investmentfonds

Die Fondsgesellschaften bieten unterschiedliche Finanzprodukte an. Aktiv gemanagte Aktienfonds decken Märkte, Länder, Branchen, Themen und Indizes schwerpunktmäßig ab und sind meist teurer als passiv gemanagte ETFs.

Aktienrückkauf

Der auf der Hauptversammlung zu genehmigende Aktienrückkauf dient dazu, Aktien einzuziehen, als Belegschaftsaktien auszugeben oder als Akquisitionswährung Übernahmen zu finanzieren. Bei Einzug gewinnt die einzelne Aktie an Wert.

Allzeithoch

Da die langfristige Kursentwicklung bei fast allen Indizes nach oben zeigt, sind Höchststände nichts Ungewöhnliches. Die Frage lautet für mich daher nicht, ob es ein neues Allzeithoch gibt, sondern wann.

Altersvorsorge
Das Ungleichgewicht längeren Lebens bei niedriger Geburtenrate stellt Renten und Arbeitsmarkt vor Probleme. Das auf 67 Jahre erhöhte Renteneintrittsalter schwächt negative Folgen etwas ab. Die Frühverrentung mit 63 Jahren hebelt dies bei Fachkräftemangel dramatisch aus.

Bei 0 Prozent Zinsen bewirkt das Sparbuch eine schleichende Kapitalvernichtung. Die Betriebsrente gewinnt an Zuspruch. Raus aus dem Sparbuch, rein in Aktien!

Anlagebetrug
Alle Warnlampen sollten aufleuchten, wenn dubiose Berater ungebeten anrufen, Traumrenditen versprechen, Zeitdruck aufbauen, Supergeschäfte vorgaukeln und das Produkt kaum erklären. Viele Leute ordnen Produkte vom grauen Kapitalmarkt nicht richtig ein. Sie erkennen oft nicht, wie spekulativ solche Anlagemodelle sein können, zu denen auch geschlossene Fonds und außerbörsliche Anleihen und Genussrechte gehören.

Anlagestrategie
Das A und O für den Börsenerfolg ist eine gute Strategie. Zuvor sollte sich ein Anleger in puncto Sicherheitsbewusstsein und Risikofähigkeit einschätzen. Je höher die Chance, desto größer ist das Risiko. Zu berücksichtigen sind: Einkommen, Vermögensdecke, Anlagezeitraum, Renditeziele, familiäre Lage, finanzielle Pflichten und Lebensalter. Ein hohes langfristiges Risiko besteht auch darin, gar kein Risiko einzugehen und dem schleichenden »Kapital-Vernichter« Sparbuch treu zu bleiben.

Anleihen
Das sind mit festem oder variablem Zinssatz ausgestattete Staats- und Firmenanleihen. Solche Schuldverschreibungen zur Beschaffung von Fremdkapital haben feste Rückzahlungstermine. Je nach Kreditwürdigkeit vergeben die Agenturen ein Rating von AAA (höchste Bonität) bis D (Zahlungsunfähigkeit).

Antizyklisches Handeln
Dies ist ein beherztes Handeln entgegen dem Trend. Mutige greifen in der Bodenbildungsphase bei starker Korrektur und im Crash zu, während Angsthasen auf dem vermeintlichen Gipfel schrittweise verkaufen.

AS-Fonds

Die Altersvorsorge-Sondervermögen-Fonds investieren in Aktien, Anleihen und Immobilien, haben also Mischfonds-Charakter. Die AS-Fonds werden im Gegensatz zu Riester-Renten-Produkten nicht staatlich gefördert.

Aufsichtsrat

Er besteht bei Aktiengesellschaften aus mindestens drei Mitgliedern und wählt selbst den Vorsitzenden. Der Aufsichtsrat überwacht das Management und beruft die Hauptversammlung ein. Die fachlichen Anforderungen an Aufsichtsräte steigen.

Ausgabeaufschlag

Bei vielen Investmentfonds besteht ein Ausgabe- und Rücknahmepreis. Der bei Investmentfonds oft vermeidbare Ausgabeaufschlag beträgt meist 5 Prozent und fällt bei der Kauforder an.

Automatisierung

Dies ist ein automatischer Ablauf von Prozessen, die sich mithilfe von mechanischen Komponenten lösen lassen. Bei der Automatisierung wird der Prozessablauf mit elektronischen Komponenten, mit Software auch unter Einsatz von KI gelöst. Automatisierungsprozesse spielen eine immer wichtigere Rolle auch bei Kostensenkungsprogrammen und Neuausrichtung.

Autonomes Fahren

Die Digitalisierung im Autoverkehr wird schrittweise Realität. Es gibt bereits selbstfahrende Autos und Busse. Aber es bestehen eine Reihe von Hürden und Grenzen vor allem im Bereich Sicherheit und Unfallhaftung.

B

Baisse

Damit ist ein länger anhaltender Kursrückgang gemeint, verursacht durch konjunkturelle Schwächen bis hin zu Rezession und Deflation. Hinweise für einen Umschwung liefern günstige Frühindikatoren zu wichtigen Wirtschaftsdaten.

Behavioral Finance
Dieser moderne Zweig der Börsenpsychologie schlägt eine Brücke zur Wirtschaft und untersucht Einflüsse irrationaler Verhaltensmuster. Angst vor Gesichtsverlust, Selbstwertprobleme, Verdrängung, Herdentrieb, Hektik, Ungeduld und Unbeherrschtheit begünstigen grobe Fehler. Allerdings verläuft der tägliche Börsenhandel selbst oft irrational: vom Plus ins Minus und umgekehrt.

Benchmark
Vergleichsmarke, auch Referenzindex genannt, die Fondsmanager schlagen wollen. Bei DAX und Dow Jones glückt dies wegen der geringen Anzahl von nur 40 bzw. 30 Titeln selten. Eher klappt es bei Nebenwerte-, Branchen- und Themenfonds sowie Investments in Schwellenländern. Die boomenden passiv gemanagten preiswerten ETFs gewinnen zwar nicht gegen den Referenzindex, aber sie verlieren eben auch nicht.

»Bestens«
Dies ist eine unlimitierte Verkaufsorder. Die Börse führt den Verkaufsauftrag zum besten aktuell festgestellten Börsenkurs aus. Solche Orders ohne Limit werden an den führenden Börsenplätzen wie Xetra oder Tradegate Exchange meist blitzschnell ausgeführt. Mit einem Limit kann man dagegen manchmal einen höheren Verkaufspreis erzielen, wenn es nicht schnell gehen muss, wie z. B. bei sinkenden Kursen.

Bezugsverhältnis
Es geht um das Verhältnis der Zahl alter und neuer Aktien bei Kapitalerhöhungen. Ein Bezugsverhältnis von 5:1 zeigt an, dass ein Altaktionär für je fünf Anteilsscheine eine junge Aktie erwerben kann – oft mit hohem Nachlass.

»Billigst«
Dies sind unlimitierte Kaufaufträge. Die Börse führt den Kaufauftrag zum besten aktuell festgestellten Börsenkurs aus. Solche unlimitierten Orders werden schnell ausgeführt, dafür kann man mit einem Limit als Kaufpreis-Obergrenze oft einen noch niedrigeren Kaufwert erhalten – mitunter erst später oder je nach Order-Gültigkeit auch sehr viel später.

Bitcoin
Derzeit die verbreitetste Krypto-»Währung«, die eigentlich keine echte Währung ist. So gibt es kein zentral organisiertes Buchungssystem. Trotz starker Wert-

steigerungen gilt die Geldanlage in Bitcoins als riskant, und sie ist viel weniger transparent als zum Beispiel die Anlage in Aktien, bei der die börsennotierten Unternehmen zur Transparenz verpflichtet sind.

Blockchain-Technologie

Das Ziel dieser Technologie besteht darin, alle Informationen über vertrauensvolle Vorgänge wie Finanztransaktionen nicht auf einem Server bei einem Unternehmen zu speichern, sondern auf viele Computer zu verteilen. Keine Institution, Behörde oder Person hat die Macht über diese Daten. Jeder hat gleiche Zugriffsrechte und Einsichtsmöglichkeiten. Die Visionäre sehen bei Blockchain kaum Risiken hinsichtlich Manipulation. Bedarf besteht in der Musikindustrie, im Vertragswesen, bei internationalen Banküberweisungen oder anderen Transaktionen in der Finanzbranche. Auf der Blockchain-Technologie beruhen auch Kryptowährungen wie der Bitcoin.

Blue Chips

Dieser Begriff ist für besonders große Standardwerte (auch Large Caps genannt), für bekannte Qualitätstitel beispielsweise aus dem DAX, Euro Stoxx 50, Dow Jones oder Nikkei reserviert. Vergleiche dazu auch Caps.

Bookbuilding-Verfahren

Vor dem ersten Börsengang (IPO) wird die Preisspanne festgelegt, zu der ein Anleger die neuen Aktien zeichnen kann. In schlechten Börsenzeiten ist eher mit einem fairen Preis zu rechnen als in Boomphasen an der Börse. Erfolgt die Neuemission zum überhöhten Preis, kann der Börsengang scheitern. Ein Blick auf die außerbörsliche Kursentwicklung dient der Orientierung und erleichtert die Entscheidung.

Börse

Die Börse als hoch organisierter Handelsplatz ist ein Treffpunkt von Angebot und Nachfrage. Der deutsche Börsenhandel findet computergestützt z. B. in Frankfurt (Handelssystem Xetra) in Berlin (Tradegate) und an den Regionalbörsen Berlin-Bremen, Düsseldorf (auch Quotrix), Frankfurt, Hamburg-Hannover, München (auch Gettex) und Stuttgart statt. Die Deutsche Börse AG, Betreiberin von Xetra, Börse Frankfurt und Tradegate, ist im DAX notiert.

Börsenbriefe
Es gibt mittlerweile unzählige Börsenbriefe, die einmal oder mehrmals wöchentlich bzw. monatlich ihren Kundenkreis bevorzugt über das Internet informieren. Es gibt bessere und schlechtere, mitunter auch riskante und überteuerte Produkte. Eines haben fast alle Börsenbriefe gemeinsam: Sie sind kostenpflichtig und die darin enthaltenen Aktien performen in der Regel nicht besser als breit gestreute ETFs.

Börsenspiele
Virtueller Aktienhandel, um Börsenerfahrungen zu sammeln und danach den Einstieg in den Kapitalmarkt zu wagen. Freilich gibt es auch Börsenspiele, bei denen sich die Profis messen, um der eigenen Strategie den notwendigen Rückhalt zu verschaffen und mit einem Sieg das Ansehen zu steigern.

Branchenanalyse
Fundamentalanalysten untersuchen die Folgen einer anziehenden oder sich abschwächenden Konjunktur auf die Branche, zu der die zu beurteilende AG gehört, z. B. Chemie, Maschinenbau, Konsumgüter und Logistik.

Break-even, Gewinnschwelle
Es stellt sich die Frage, ob und wann eine Firma wieder profitabel arbeitet und schwarze Zahlen schreibt. Einflussfaktoren sind Kostensenkung, Schrumpfung, neue Produktpaletten oder Übernahmen.

Brexit
Am 31. Dezember 2020 vollzog Großbritannien endgültig den Austritt aus der Europäischen Union (EU) und erzielte in letzter Minute ein Handelsabkommen, bei denen Details noch offenbleiben.

Briefkurs
Er zeigt an, zu welchem Kurs Sie ein Wertpapier kaufen können. Der Briefkurs ist der höhere Kaufpreis, der Geldkurs der niedrigere Verkaufspreis. Der Briefkurs wird entsprechend seiner englischen Entsprechung »Ask« mit »A« abgekürzt.

Buch-/Substanzwert
Damit sind Immobilien, Fahrzeuge, Anlagen, Maschinen und so weiter gemeint. Der Buchwert – berechnet als Buchwert pro Aktie – betrifft Vermögensgegenstände bzw. das Eigenkapital. Liegt der Buchwert über dem Kurs, spricht dies für eine faire Bewertung, nicht selten aber auch als Folge eines Kursrückgangs.

Bullen-/Bärenfalle
Die Bullenfalle liefert charttechnisch falsche Kaufsignale. Anleger erleiden Verluste. Umgekehrt signalisiert die Bärenfalle sinkende Kurse.

C

CAC-40-Index
Der französische Aktienindex Börse Paris ist in seiner Bedeutung mit dem DAX vergleichbar und umfasst die größten 40 französischen Aktien.

Caps (Small Caps, Mid Caps, Large Caps)
Je nachdem, wie viel Aktienkapital ein Unternehmen an der Börse erzielt (Marktkapitalisierung), unterscheidet man zwischen Small Caps, Mid Caps und Large Caps. Bei Small Caps beträgt die Marktkapitalisierung weniger als 1 Mrd. US-Dollar, bei Large Caps, die auch Blue Chips genannt werden, liegt die Marktkapitalisierung oberhalb von 10 Mrd. US-Dollar, dazwischen liegen die Mid Caps. Besonders kleine Unternehmen werden auch als Micro Caps bezeichnet. Andere Zuordnungen setzen bei der Mitarbeiterzahl von Unternehmen oder bei der Index-Zugehörigkeit (z. B. DAX, MDAX, SDAX) an.

Cashflow
Dies ist die wohl wichtigste Kennzahl zur Beurteilung der Finanz- und Ertragskraft eines Unternehmens. Der Cashflow umfasst Jahresüberschuss, Abschreibungen, Rückstellungen sowie Steuern auf Einkommen und Ertrag.

Charttechnik
Ein Chart stellt den Kursverlauf über eine bestimmte Zeit wie Tages-, Wochen-, Jahres- und Mehrjahreschart mittels Linien, Balken und Kerzen dar. Aus der Kursentwicklung der Vergangenheit ziehen Experten Rückschlüsse auf die Zukunft, da menschliches Verhalten wiederkehrende Regelabläufe zeigt.

China
Das Riesenreich erwirbt ausländische Währungen und globale Beteiligungen. Nutznießer sind Technologie, Software, Maschinenbau, Bauwirtschaft. 2021 gerieten chinesische Aktien trotz des Zukunftspotenzials enorm unter Druck, da die Staatsführung sich immer stärker in die Unternehmensangelegenheiten einmischte.

Cloud-Computing
Dies gilt weiterhin als Zukunftsmarkt der vernetzten und digitalisierten Welt. Immer mehr Konzerne steigen ins Cloud-Geschäft ein und bieten für das Internet der Dinge alles aus einer Hand. Beim Cloud-Computing herrscht ein harter Konkurrenzkampf.

CO2-Ausstoß
Das klimaschädliche Kohlenstoffdioxid macht knapp zwei Drittel des vom Menschen verursachten Treibhauseffekts aus und verstärkt die Erderwärmung. Deshalb ist es so wichtig, klimaneutrale Autos zu produzieren und weitgehend auf Kohle und andere fossile Energieträger zu verzichten.

Computerhandel
Das ist der vollelektronische, sekundenschnelle Aktienhandel, der weltweit Kauf- und Verkaufsaufträge durch zentrale Computernetze vermittelt.

Corona-Crash 2020
Seit dem Beginn des Corona-Crashs im März 2020 mit dem zunächst heftigsten Kurseinbruch beim DAX (-40 %, Tiefstand 8.200 Punkte) und weltweit in diesem Jahrtausend haben sich die Aktienkurse deutlich erholt und zu Jahresbeginn 2021 Höchststände erzielt, obwohl die Staatsverschuldung rasant anstieg und die wirtschaftliche Situation vieler Unternehmen unter der Pandemie leidet. Auch die steigenden Inflationsraten Anfang 2022 haben damit zu tun.

Cost-Average-Effekt
Durchschnittskosten-Effekt, der erzielt werden kann, wenn beim ratenweisen Kauf zum Beispiel von ETFs bei sinkenden Kursen mehr Anteile und bei steigenden weniger Anteile der jeweiligen Unternehmen gekauft werden.

Ein einfaches Beispiel kann dies verdeutlichen: Kauft man je eine Aktie für 10 Euro und dann später nach dem Kursanstieg eine weitere für 20 Euro, hat man im Durchschnitt 15 Euro pro Aktie gezahlt.

Hätte man jedoch zunächst für 20 Euro zwei Aktien gekauft und zum zweiten Zeitpunkt wieder 20 Euro ausgegeben, dann läge der Durchschnittswert nicht bei 15 Euro, sondern nur bei 13,33 Euro. Es ist demnach sinnvoller, ETFs, Fonds oder Aktien für immer gleiche Raten und nicht in immer gleichen Stückzahlen zu kaufen.

Crash

Die größten Kurseinbrüche gab es in den Jahren 1929 und 1987 jeweils im Oktober. Bei dem dreijährigen Crash von Frühjahr 2000 bis März 2003 stürzte der DAX von 8.150 auf 2.200 Punkte ab. Der Neue Markt verlor sogar mehr als 95 Prozent.

Auch die US-Technologiebörse Nasdaq büßte vom Allzeithoch zwei Drittel des Wertes ein. Im Herbst 2008 und Frühjahr 2009 kam es durch die weltweite Finanz- und Wirtschaftskrise zum erneuten Crash-Szenario. Der DAX sank auf 3.600 Punkte. Untergangspropheten malten den nächsten Crash in düsteren Farben aus. Aber niemand wusste: Wann? Wie lange? Wie heftig? Einen Technologiecrash gab es im Dezember 2018. Danach erholten sich die Kurse kräftig. Auch auf den Corona-Crash mit verheerenden wirtschaftlichen Einbrüchen folgte nach kurzer Durststrecke wieder eine Erholung auf neue Höchststände.

Cyber Security

Computersicherheit, Cybersicherheit oder Sicherheit in der Informationstechnologie ist der Schutz von Computersystemen und Netzwerken vor Diebstahl oder Beschädigung der Hardware oder Software sowie vor der Störung der bereitgestellten Dienste.

D

Dachfonds

Sie erinnern an Mietshäuser, unter dessen Dach sich mehrere Wohnungen befinden. Die Manager investieren in Fonds anderer Emittenten. Verbunden ist das allerdings mit einer höheren Gebühr. Bei der Rendite sind sie besten Aktienfonds unterlegen.

DAX-40

Dies ist die Abkürzung für Deutscher Aktienindex. Im DAX werden die Kurse der 40 führenden deutschen AGs notiert.

DAXplus Family 30
Der Familienfirmen-Index wurde 2010 eingeführt. Inzwischen wurde allerdings die einst vorhandene Sperrklausel für Unternehmen mit einer Mitgliedschaft von mehr als zehn Jahren abgeschafft. So werden große Traditionsfirmen nicht mehr ausgebremst. Der DAXplus Family Index enthält vier DAX-Titel. MDAX, Tech-DAX und SDAX überwiegen. Obwohl der Familienindex gut abschneidet, wird er im Printbereich selten publiziert.

Day Trading
Es geht um den Kauf/Verkauf am selben Tag. Ziel ist das Ausnutzen von Preisschwankungen. Day Trading eignet sich für fachkundige, disziplinierte, nervenstarke, spekulative Profi-Anleger und ist für Privatanleger ungeeignet.

Depot, Depotgebühren
Vor dem ersten Aktienkauf ist ein Wertpapierdepot einzurichten. Manche Anbieter verlangen dafür Gebühren, die sehr unterschiedlich sein können.

Für das Verwalten darf die Bank Depotgebühren berechnen. Viele Direktbanken locken oft mit Gebührenermäßigung im ersten Jahr. Hier sollte genau geprüft werden, welche Kosten das bestehende Depot danach verursacht. Üblich sind bei den Direktbanken Gebühren von 5 bis 10 Euro bei einer Order von Aktien im Wert von 1000 Euro – oft aufgeteilt in Order-Gebühr (z. B. 5,90 Euro) plus Volumen-Anteil (z. B. 0,25 Prozent der Ordersumme) plus ggf. eine Handelsplatzgebühr.

Achtung! Manche Banken verlangen eine jährliche Depotgebühr auf das gesamte eingesetzte Kapital, je nach Depotgröße kann das richtig ins Geld gehen. In diesem Fall sollte die Möglichkeit eines kostenlosen Depotübertrags zur Konkurrenz überlegt werden. Ich habe dies in mehreren Chargen gemacht, um zu jeder Zeit Zugriff auf den großen Teil des Depots zu haben.

Depotauszug
So heißt das erstellte detaillierte Verzeichnis über alle geführten Wertpapiere.

Deutsche Bundesbank
Sie setzt die geldpolitischen Beschlüsse der Europäischen Zentralbank um. Die Deutsche Bundesbank übernimmt gemeinsam mit der Bundesanstalt für Finanzdienstleistungsaufsicht (BaFin) die Bankenaufsicht.

Deutsches Aktieninstitut (DAI)
Dieser Verband börsennotierter Unternehmen will rechtliche und wirtschaftliche Rahmenbedingungen am Aktienmarkt und die Aktienkultur durch Grundlagenforschung, Beratung und Information verbessern.

Digitale Transformation
Der digitale Wandel bezeichnet die fortlaufend stattfindenden technologischen Veränderungsprozesse in unserer von künstlicher Intelligenz und um sich greifender Vernetzung geprägten Welt. Für nachhaltig wirtschaftende Unternehmen spielt die digitale Transformation gerade im Hinblick auf die Neuausrichtung von Geschäftsmodellen eine wichtige Rolle für Überleben, Wachstum und Ertrag. Dazu zählen auch Kundenerwartungen bezüglich des Klimawandels und einer umweltfreundlichen Infrastruktur.

Digitalisierung
Wir befinden uns im Zeitalter der Digitalisierung, Vernetzung, Robotik und neuartiger Maschinen. Ob autonomes Fahren, Drohnen, Roboter oder künstliche Intelligenz: Was alles möglich ist, übersteigt unser Vorstellungsvermögen. Die Industrie 4.0 prägt Produktionsprozesse und Arbeitswelt. Digitale Technologien, die Vernetzung riesiger Datenmengen (Big Data) verändern die Welt.

Disruptive Innovation
Fachleute schwärmen von disruptiver Innovation, Unterbrechung oder Abbruch, auch Sprunginnovation genannt. Es geht um Herausforderungen bei Produktlinien oder Marktpositionen, damit etwas digital Neues entstehen kann. Der Niedergang der Erfolgsfirma KODAK, einst Weltmarktführer bei Fotos und Filmen, zeigt das Scheitern am Digitalisierungstrend beispielhaft auf. Andere Firmen hingegen stemmen sich mit ihrem Transformations-Potenzial erfolgreich gegen Disruption.

DivDAX
Dieser Index (WKN: A0C33D) enthält die 15 dividendenstärksten DAX-Werte. Alljährlich aktualisiert die Deutsche Börse AG die Zusammensetzung. Beim Blick auf eine üppige Dividende wird oft übersehen, dass vor allem diejenigen Konzerne prozentual gesehen viel ausschütten, deren Kursentwicklung nicht vorankommt.

Diversifikation
Das A und O erfolgreicher Strategien ist eine breite Streuung nach Indizes, Branchen, Ländern und Einstiegszeitpunkt. Wer zu wenig Kapital hat, um mit Einzelaktien zu streuen, sollte auf ETFs und Aktienfonds zurückgreifen.

Dividende
Wer den Aktien-Titel am Hauptversammlungstag hält, bekommt die volle Gewinnausschüttung binnen 3 Werktagen ausgezahlt. Bei Vorzugsaktien ist die Dividende oft höher als bei Stammaktien. Verlässlich steigende Ausschüttungen gelten wegen Nullzinsen neben Substanzkraft, Nachhaltigkeit und Seriosität als wichtiges Kaufargument.

Dividenden-Aktienfonds
Fonds, die auf besonders ausschüttungsstarke Aktiengesellschaften setzen. Bei der ausschüttenden Form bündelt das Management die Dividende und zahlt sie ein- oder zweimal jährlich aus. Bei thesaurierenden Fonds wird die Dividende in weitere Anteile angelegt, sodass sich der Bestand im Laufe der Jahre erhöht. So wird auf ideale Weise der Zinseszinseffekt genutzt.

Dow Jones
Der an der New Yorker Börse (NYSE) gehandelte Dow Jones (= Dow Jones Industrial Average) erfasst als Leitindex die Kurse der 30 größten US-Firmen und gibt weltweit die Marschroute vor. Der DAX kann sich nicht abkoppeln und vollzieht die Entwicklung am US-Markt oft übertrieben nach. Institutionelle Investoren orientieren sich allerdings in puncto US-Aktienmarkt eher am S&P 500.

E

EBIT, EBITDA
Als EBIT wird der Gewinn einer Firma vor Zinsen und Steuern bezeichnet. EBITDA ist der Gewinn vor Zinsen, Steuern und Abschreibungen.

Eigenkapital
Dies sind die finanziellen Mittel, über die ein Betrieb nach Abzug aller Verbindlichkeiten verfügt. Kapitalerhöhungen stärken die Eigenkapitalbasis der Gesellschaft und machen Forschung und Entwicklung, Investitionen sowie Übernahmen möglich.

Emerging Markets
Dies sind aufstrebende Volkswirtschaften Ostasiens, Afrikas und Lateinamerikas. Bei intakter Konjunktur werden Wirtschaftswachstum und steigender Lebensstandard mit Angleichung an westliche Industrieländer erwartet.

ESG-Kriterien
Unter **ESG** versteht man die Berücksichtigung von Nachhaltigkeits-Kriterien aus den Bereich Umwelt (**E**nvironmental), Soziales (**S**ocial) und verantwortungsvolle Unternehmensführung (**G**overnance)

Die Nachhaltigkeitsfonds nehmen im Allgemeinen Aktien auf, deren Unternehmen die gängigen Ausschlusskriterien beachten. Dies sind vor allem Waffen und Rüstung, fossile Energie, Kohle, Kernkraftwerke, Glücksspiel, Rauschgift, Alkohol und Verstoß gegen Menschenrechte. Bevorzugt werden Titel, die im Kampf gegen den Klimawandel mit der Erderwärmung aktiv sind.

Euro Stoxx 50
Der Leitindex der EU umfasst die 50 größten Firmen mit etlichen Energie- und Finanztiteln. Der dividendenstarke Euro Stoxx 50 für die Europäische Union (EU) ist vergleichbar mit der Champions League im Fußball.

Exchange Traded Commodity (ETC)
Ein ETC gilt im Gegensatz zum ETF nicht als geschütztes Sondervermögen, sondern als Zertifikat und damit als Schuldverschreibung. ETCs können physisch unterlegt sein wie bei den Edelmetallen Gold, Silber, Platin und Palladium.

Exchange Traded Funds (ETF)
Diese börsengehandelten Fonds kann man sich vorstellen als Körbe, die viele verschiedene Aktien enthalten. Als Indexfonds schneiden sie weder besser noch schlechter als der Index selbst ab. Mit passiv gemanagten ETFs lassen sich wichtige Märkte abdecken. Der Ausgabeaufschlag entfällt, die Verwaltungsgebühr ist gering. Passiv gemanagte ETFs sind vorteilhaft, um große globale Indizes oder Branchen breit gestreut abzudecken.

F

Familienunternehmen
International weichen die Zugangsvoraussetzungen stark voneinander ab. Um in den Index **DAXplus Family 30** aufgenommen zu werden, müssen die Unternehmen im Prime Standard der Frankfurter Börse notiert sein. Grundbedingung ist, dass die Gründerfamilie mindestens über einen 25-prozentigen Stimmrechtsanteil verfügt oder zum Vorstand bzw. Aufsichtsrat gehört. Die 30 größten und liquidesten Werte bilden den Index DAXplus Family 30.

Fed
Mit der Abkürzung Fed (Federal Reserve System) bezeichnet man das Zentralbanksystem der USA. Zentralbanken haben die Aufgabe, das Finanzsystem durch die Veränderung des Leitzinses und andere Maßnahmen wie Anleiheankäufe möglichst stabil zu halten.

Finanztermingeschäftsfähigkeit
Zu den spekulativen Finanztermingeschäften zählen Derivate wie Zertifikate, Optionsscheine sowie Termingeschäfte und Optionen. Diese Formen spekulativer Investments lehne ich ab. Es erinnert mich eher an das Casino als an eine seriöse Geldanlage.

Free Float
Frei handelbare Aktien befinden sich im Streubesitz statt in fester Hand. Für die DAX-Gewichtung ist der Börsenwert der Aktien im Streubesitz maßgebend.

FTSE-100-Index (»Footsie«)
Der seit 1984 bestehende und von der *Financial Times* betreute Aktienindex der Londoner Börse umfasst die 100 wichtigsten Titel.

Fundamentalanalyse
Sie umfasst die Global-, Branchen- und Einzelanalyse von Unternehmen und deren Aktien. Analysten untersuchen die unternehmerischen Einflussfaktoren auf den Geschäftsverlauf. Ist die Aktie fair bewertet? Wie ist die künftige Entwicklung einzuschätzen? Die Fundamentalanalyse überprüft die AG gründlich. Im Blickpunkt stehen KGV, Buchwert, Cashflow, Umsatz, Ertrag, Jahresüberschuss, Ergebnis je Aktie, Dividendenrendite, Eigenkapitalquote, Geschäftsmodell und Marken.

Fusion

Der Zusammenschluss von Unternehmen durch freundliche oder feindliche Übernahmen soll Kosten senken, die Marktstellung stärken und die Umsatz- und Gewinnchancen erhöhen. Fusionen führen wegen unterschiedlicher Firmenkulturen nicht immer zum erhofften Erfolg. Bei einer Übernahme steigt der Aktienkurs der Zielfirma oft deutlich an, während er bei der Bieterfirma eher sinkt.

G

Geldkurs

Börse und Nachrichtensender informieren, zu welchem Preis Sie handeln können. Aus Anlegersicht ist der Geldkurs der niedrigere Verkaufspreis und der Briefkurs der höhere Kaufpreis. Der Geldkurs wird entsprechend seiner englischen Entsprechung »Bid« mit »B« abgekürzt.

Genehmigtes Kapital

Eine AG darf ihr Grundkapital nur aufstocken, also eine **Kapitalerhöhung** durch Ausgabe junger Aktien starten, wenn ein Hauptversammlungsbeschluss vorliegt. Im Aktienrecht wird vom »genehmigten Kapital« gesprochen.

Geschlossene Fonds

Dies sind riskante, nicht börsengehandelte Beteiligungen an Unternehmen. Hier wird Geld für bestimmte Objekte eingesammelt, z. B. Immobilien-, Schiffs-, Flugzeug- und Filmbeteiligungen. Geschlossene Fonds haben eine Laufzeit ab einem Jahrzehnt. Ohne Ersatzperson ist ein vorzeitiger Ausstieg unmöglich. Bei Verlust wird häufig Nachschuss verlangt. Am Ende steht oft die Zahlungsunfähigkeit.

Gesundheitswesen als Zukunftsmarkt

Die Lebenserwartung nimmt durch den medizinischen Fortschritt weiter zu – pro Jahrzehnt um zwei Jahre. Biotech-Firmen profitieren durch neuartige Wirkstoffe, Therapien und Operationstechniken. Die Medizintechnik hat Wachstumspotenzial, gerade aufgrund des steigenden Anteils alternder Menschen in den wohlhabenden Industrieländern.

Gewinnschwelle
Der Break-even ist die Gewinnschwelle, ab der eine Investition sich lohnt, weil die Gewinne, die dadurch hereinkommen, die zuvor getätigten Ausgaben ausgeglichen haben.

Gewinnwarnung
Das Unwort warnt nicht vor Gewinn. Es ist eine negative Ergebnis-Erwartung. Je schlimmer die Abweichung ist, umso größer der Kurssturz.

Gold
Das von Mythen umrankte Edelmetall gilt in Krisen als sicherer Hafen in Form von Barren und Münzen. Interessant können physisch unterlegte Edelmetall-ETCs sein, die allerdings nicht wie ETFs als geschütztes Sondervermögen gelten.

In diesem Segment muss man sich allerdings vor »schwarzen Schafen« besonders in Acht nehmen. Zudem wird mancherorts diskutiert, ob der künftige Handel mit physischem Gold untersagt werden soll.

Gratisaktien, Berichtigungsaktien
Bei Kapitalerhöhungen aus Gesellschaftsmitteln werden Unternehmensrücklagen in Grundkapital umgewandelt. Die Altaktionäre erhalten weitere Aktien, damit ihr Anteil am Grundkapital gleich bleibt.

Growth
Damit sind wachstumsstarke Wertpapiere gemeint. Langfristig lässt sich mit der Kombination Value/Growth eine bessere Rendite erzielen als mit der Beschränkung auf dividendenstarke Aktien und reine Value-Werte. Hier gilt: Bei Konjunkturschwäche und Krisensituationen punkten eher Value-Aktien, bei einsetzendem und anhaltendem Wirtschaftswachstum kaufe ich dann auch gerne wieder mehr Growth-Werte zu.

Greenwashing
Scheinbar umweltverträgliche und nachhaltige Unternehmensstrategie, die bei genauer Analyse dem öffentlich geäußerten Anspruch nicht gerecht wird, z. B. indem geringe nachhaltige Aspekte überbetont werden und/oder massive schädigende Aspekte verheimlicht werden.

Grundkapital

Das Grundkapital einer AG wird in Aktien zerlegt, muss also mit der Stückelung der ausgegebenen Aktien übereinstimmen. Aktionäre sind entsprechend ihrer Aktienzahl als Miteigentümer am Grundkapital beteiligt.

H

Hauptversammlung

Auf dem jährlichen Aktionärstreffen werden Beschlüsse über Kapitalerhöhungen, Rückkaufprogramme und so weiter gefasst. Pro Aktie gibt es eine Stimme (außer bei stimmrechtslosen Vorzugsaktien).

Hausse

Sie bildet das positive Gegenstück zur Baisse und steht für einen länger anhaltenden Kursanstieg. Als antizyklisch handelnder Aktionär realisiere ich einen Teil meiner Kursgewinne durch Teilverkäufe in der Höhepunktphase und kaufe in der Baisse wieder verstärkt zu.

Hebel

Wem Aktien nicht spekulativ genug sind, der kann Kursveränderungen von Aktien mit einem Hebel künstlich verstärken, was mit einem erhöhten Risiko einhergeht. Beim Wetten auf Kursgewinne werden dann Hebel wie Call-Optionsscheine bzw. -Hebelzertifikate gekauft. Der Put-Optionsschein oder das Put-Hebelzertifikat wird für das Wetten auf sinkende Kurse benutzt.

Privatanleger haben beim kurzzeitigen Hebeln allerdings meist keine Chance gegen die Profis, da sie weder über die Kapitalmasse noch über die technischen Möglichkeiten des Ultrakurzzeithandels verfügen. Alle Zertifikate sind mit Gebühren verbunden und sie werden so eingesetzt, dass die Emittenten daran verdienen. Da vor allem kurz- und mittelfristige Kursbewegungen oft irrational sind, lassen sie sich auch durch ein hohes Maß an Marktkenntnissen gar nicht oder nur sehr begrenzt voraussagen. Solche Hebelpapiere sind daher Wetten und ähneln damit anderen Formen des Glücksspiels.

Hedgefonds

Das englische Verb *hedge* steht eigentlich für absichern. Hedgefonds werden allerdings dafür kritisiert, dass sie aggressiv auf sinkende Kurse einzelner Aktien setzen und dadurch Gewinne erzielen wollen, ohne die geliehenen Aktien zu besitzen. 2021 erfolgte ein Angriff auf Hedgefonds, die mit solchen Leerverkäufen auf fallende Kurse spekulierten, durch Kleinanleger in den USA, die sich zuvor in sozialen Medien (reddit) verabredet haben. Siehe auch »Leerverkäufe«.

Hoch-Tief-Mut-Strategie
Bei Korrektur und Crash gilt es, Kursrücksetzer substanzstarker Aktien zum Zukauf zu nutzen. Beim Teilverkauf dienen hohe Gewinne zur Finanzierung übertrieben abgestürzter Aktien mit Zukunftschancen. Niemals werden beste Aktien komplett verkauft, zumal Dividenden langfristig hohe Renditen bringen (vgl. www.hoch-tief-mut.de).

I

Index, Aktienindex
Allgemein sind die Aktien in Indizes nach Marktkapitalisierung bzw. Börsenwert gewichtet. Dies gilt neben der Umsatzentwicklung beim Streubesitz auch für den Auf- und Abstieg bei DAX, MDAX, TecDAX und SDAX.

Indexfonds (ETF)
Im Gegensatz zu Zertifikaten sind ETFs geschütztes Sondervermögen und bilden Aktien von Indizes wie DAX, MDAX, TecDAX, Dow Jones nach. Ein Ausgabeaufschlag entfällt. Die jährliche Verwaltungsgebühr ist niedrig, die Streuung oft hoch. Gerade für Einsteiger sind ETFs oft eine gute Wahl.

Inflation
Zum Preisanstieg kommt es, wenn die Nachfrage das Angebot übertrifft oder wenn Spekulanten agieren. Ungleichgewichte bei Dollar, Euro und Yen gefährden die Stabilität. Notenbanken drehen je nach konjunktureller Entwicklung an der Zinsschraube nach oben oder unten. Im Jahr 2021 nahm die Inflation immer weiter zu. Getrieben durch höhere Energiepreise plant die Fed (Zentralbanksystem der USA), Zinserhöhungen der Leitzinsen in mehreren kleinen Schritten. Auch die Europäische Zentralbank wird zumindest um erste kleine Zinsschritte nicht herumkommen.

Insider-Geschäft
Wer dank seiner beruflichen Position über Insider-Informationen verfügt, darf sein Wissen erst nach erfolgter Veröffentlichung weitergeben und die Aktie handeln. Verstöße werden mit Geld- oder Freiheitsstrafen geahndet.

Insolvenz
Das ist die Unfähigkeit, Zahlungsverpflichtungen zu erfüllen. Aktionären droht bei Insolvenz einer Aktiengesellschaft der Totalverlust.

Investmentfonds
Dies ist das von Kapitalgesellschaften aktiv gemanagte, angelegte und verwaltete Vermögen. Je nach Ausrichtung investiert das Fondsmanagement in Aktien, Anleihen, Immobilien, Rohstoffe und so weiter.

Die Kosten für aktiv gemanagte Investmentfonds sind allerdings hoch. Die Ausgabeaufschläge liegen bei bis zu 5 Prozent der angelegten Summe. Hinzu kommen noch jährliche Gebühren (TER) von bis zu 2 Prozent pro Jahr. Passiv gemanagte ETFs sind da die wesentlich günstigere Alternative und zählen ebenfalls zu den Investmentfonds.

IPO
Abkürzung für »Initial Public Offering«: Es handelt sich um den Börsengang eines Unternehmens, bei dem erstmals dessen Aktien in einem organisierten Kapitalmarkt öffentlich zum Kauf angeboten werden. Es ist allerdings meist sehr riskant, in Aktien zu investieren, wenn sich die Unternehmen am Markt noch nicht behaupten konnten!

ISIN
Seit 2003 gilt die zwölfstellige ISIN neben der sechsstelligen WKN als Kennung für jedes einzelne Wertpapier. Die ersten zwei Positionen nennen das Land, DE für Deutschland. Die drei Nullen dienen Erweiterungen. Bei deutschen Aktien folgt als Kern die frühere WKN, am Schluss folgt ergänzend eine Ziffer.

Wichtig: Bei der ISIN oder der WKN droht Verwechslungsgefahr zwischen dem Buchstaben »O« und der Ziffer »0«. Letztere wird etwas »schlanker« geschrieben.

J

Junge Aktien
Bei einer Kapitalerhöhung werden neue Aktien mit oder ohne Bezugsrechten für Altaktionäre ausgegeben. Dies führt zur Verwässerung und löst nur bei hohem Preisabschlag und günstigem Bezugsverhältnis Freude aus.

K

Kapitalerhöhung

Eine AG kann nach Genehmigung auf der jährlichen Hauptversammlung durch die Ausgabe junger Aktien oder durch Wandelanleihen (die später in junge Aktien getauscht werden können) ihr Grundkapital aufstocken. Ein solcher Beschluss steht auch bei einer Übernahme an.

Eine Kapitalerhöhung kann, muss aber nicht zu sinkenden Kursen führen. Hier gilt es herauszufinden, ob die Begründung für die Kapitalerhöhung nachvollziehbar ist oder ob neues Geld nur deshalb benötigt wird, weil die AG schlecht gewirtschaftet hat.

Kapitalertragssteuer

Der Steuersatz beträgt 25 Prozent zzgl. Solidaritätszuschlag und ggf. Kirchensteuer, insgesamt also ca. 28 Prozent. Hier gilt es den Sparerpauschbetrag bei der Steuer zu berücksichtigen (siehe dort).

Kaufsignal

Die Technische Analyse liefert Kauf- und Verkaufssignale. Durchbricht der Kurs die obere Widerstandslinie oder hält die untere Unterstützungslinie, entsteht ein Kaufsignal. Leider führt das Unterschreiten von Unterstützungslinien zu einem sich selbst verstärkenden Effekt, zumal viele Verkäufe dann automatisiert ablaufen. Daraus resultieren im Crash oft übertriebene Kursverluste. Die Aktien repräsentieren dann häufig nicht mehr den Wert, den man als Anteilseigner eigentlich verbucht haben müsste.

Klimaschutz, Klimawandel

Der Klimaschutz umfasst als Sammelbegriff alle Maßnahmen, um der vom Menschen verursachten globalen Erderwärmung entgegenzuwirken und damit die mannigfachen negativen Folgen abzumildern oder zu verhindern. Der Klimawandel selbst lässt sich nicht rückgängig machen, sondern nur verlangsamen. Dies geschieht am wirksamsten durch die Verringerung ausgestoßener Treibhausgase.

Konjunktur

Ein Konjunkturzyklus verläuft wellenförmig über einen Zeitraum von mehreren Jahren. Günstig im Abwärtstrend ist der V-Verlauf. Die Wirtschaft erholt sich rasch. Beim U-Verlauf wird die Talsohle nur langsam durchschritten. Das W markiert den Double-Dip. Nach kurzem Auftrieb geht es vor der Erholung erneut abwärts. Gefährlich ist der L-Verlauf mit drohender Deflation.

Konsolidierung, Korrektur
Ein mäßiger Abwärtstrend wird Konsolidierung, ein stärkerer Einbruch Korrektur genannt. Ein heftiger Absturz gilt als Crash.

Krypto-»Währungen«
Da es sich um digitales Geld handelt, dem kein zentral organisiertes Buchungssystem zugrunde liegt, handelt es sich hier gar nicht um eine »Währung« im klassischen Sinn. Als Anlageform ist Kryptogeld allerdings weniger transparent als die Anlage in Aktien, da keine klassische Fundamentalanalyse möglich ist.

Kurs-Gewinn-Verhältnis (KGV)
Das KGV ist eine wichtige Kennziffer der Fundamentalanalyse und erleichtert Aktienbewertungen. Ein möglichst niedriges KGV zeigt, mit welchem Vielfachen vom Jahresgewinn die Aktie gehandelt wird. Der KGV-Vergleich erweist sich als nützlich innerhalb der gleichen Branche. So wie es wenig bringt, Äpfel und Birnen zu vergleichen, hilft es nicht weiter, bei Kaufentscheidungen Value- und Growth-Aktien gegenüberzustellen. Interessant ist dabei auch die erwartete Einschätzung für die nächsten Jahre.

Kurszusätze
Der Zusatz A für Brief (englisch »Ask«, der höhere Kaufkurs) und B für Geld (englisch »Bid«, der niedrigere Verkaufskurs) erleichtert bei Nebenwerten aktuelle Entscheidungen. Der Hinweis exD zeigt die Kursnotierung am Tag des Dividendenabschlags (ex Dividende) an.

Künstliche Intelligenz (KI)
Die künstliche Intelligenz verändert unsere Welt und damit unser Leben erheblich. KI gilt als Teilgebiet der Informatik und befasst sich mit der Automatisierung intelligenten Verhaltens und maschinellen Lernens.

Dabei geht es auch um den Versuch, bestimmte menschliche Entscheidungsstrukturen nachzubilden. Beispielsweise wird ein Computer so gebaut und programmiert, dass er eigenständig Probleme und Projekte bearbeiten kann. Mit Algorithmen lässt sich intelligentes Verhalten simulieren, z. B. an einer Reihe von Computer- und Videospielen. Die Ziele der sogenannten starken KI sind auch noch nach Jahrzehnten der Forschung visionär. So ergeben sich hervorragende Möglichkeiten beispielsweise im Gesundheitswesen, wenn es um Diagnostik, Laboruntersuchungen, schwierige Herz- oder Lungen-Operationen und Transplantationen geht. Aber auch Weltraumforschung und autonomes Fahren sind ohne KI undenkbar.

L

Leerverkauf (Short Selling)
Diese Spekulation setzt auf den fallenden Kurs überbewerteter Aktien. Hedgefonds nutzen solche Finanzinstrumente. Der Short Seller verkauft an der Börse Papiere, die er sich gegen Zahlung einer Gebühr in der Annahme leiht bzw. mietet, um sie später zum geringeren Kurs an der Börse zurückzukaufen.

Für Privatanleger endet ein solches Wetten auf sinkende Kurse jedoch oft mit einer bösen Überraschung, weil sie den Profis hier meist zeitlich hinterherhinken und dann weit mehr als den Einsatz verlieren können.

Leitzinsen
Sie sind vereinfacht gesagt der Zinssatz, den die Zentralbank den Banken vorgibt. Bei steigenden Leitzinsen geraten die Aktienkurse kurz- und mittelfristig oft unter Druck, da andere Anlageformen attraktiver werden. Aufgrund der gestiegenen Inflation wird ab dem Jahr 2022 mit einer schrittweisen Erhöhung der Leitzinsen gerechnet.

Kurz- und mittelfristig können Aktien unter Druck geraten, wenn die Anlage in festverzinsliche Einlagen attraktiver wird, das betrifft dann meist die Growth-Aktien mit niedrigem KGV stärker als die Value-Aktien. Als Langfristanleger reagiere ich bei Zinserhöhungen jedoch meist gelassen, da steigende (Leit-)Zinsen oft mit einer konjunkturellen Erholung und langfristig zunehmenden Unternehmensgewinnen einhergehen.

Limit
Um Überraschungen bei marktengen Werten zu vermeiden, ist es ratsam, bei Orderaufgabe ein Limit bis zum Monats- oder Quartalsende einzugeben. Beim Kauf ist das Limit der höchste, beim Verkauf der niedrigste akzeptierte Kurs.

Liquidität
Dies bezeichnet die Fähigkeit, seine Zahlungsverpflichtungen zu erfüllen, was vor allem dann der Fall ist, wenn man über Rücklagen verfügt.

M

Marktkapitalisierung
Der Börsenwert eines Unternehmens ist neben dem Umsatz entscheidend für Aufnahme und Gewichtung in einem Index. Der Börsenwert ergibt sich, indem der Kurs mit der Aktienanzahl multipliziert wird.

Medizintechnik
Sie bezeichnet die Anwendung ingenieurwissenschaftlicher Grundsätze und Regeln in der Medizin. Medizintechnik kombiniert Kenntnisse aus dem Bereich der Technik, Forschung und Entwicklung mit Problemlösungen, verbunden mit der medizinischen Sachkenntnis von Ärzten und Pflegefachleuten. Dazu gehören die Gebiete Diagnostik, Therapie, Krankenpflege, Rehabilitation und intensive Laborarbeit mit Proben, Tests und Prozesslösungen.

MDAX
Seit der Index-Neuordnung umfasst der MDAX nach dem DAX die Aktien der nächstgrößeren 50 Titel und ist vergleichbar mit der 2. Fußballbundesliga. Auf- und Abstieg erfolgen halbjährig. Der MDAX entwickelte sich in vielen der vergangenen Zeiträume etwas besser als der DAX.

Micro Caps
Die besonders niedrig kapitalisierten Werte unterhalb des SDAX sind riskant und chancenreich zugleich. Man findet solche Werte beispielsweise im m:access und im SCLAE-Index und man kann ausländische Nebenwerte über einen ETF abdecken.

Mid Caps
Mittelgroße AGs mit einer Marktkapitalisierung zwischen 1 Mrd. US-Dollar und 10 Mrd. US-Dollar. Siehe auch »Caps«.

Mischfonds
Das Portfolio dieser Fonds setzt sich gewöhnlich aus Aktien und Rententiteln zusammen. Bei einem festgezurrten Verhältnis von 50:50 sind nur begrenzte Erträge zu erwirtschaften. Ebenso lässt sich mit flexiblen Multi-Asset-Strategien die Rendite steigern und das Risiko senken, die ebenfalls zu den Mischfonds gehören. Hier beträgt das Verhältnis von Aktien und Anleihen nicht mehr 1:1. Abhängig von der Markt- und Börsenlage können die Anteile zwischen 90:10 Pro-

zent oder 10:90 Prozent schwanken. Auch beigemischte Edelmetalle und andere Rohstoffe sind denkbar.

Mischfonds bzw. Multi-Asset-Mischfonds bieten langfristig meist weniger Rendite als Aktien oder ETFs. Sie können für Anleger, denen Aktien insgesamt zu riskant sind, eine Art »Kompromiss« nach dem Motto »Weniger Rendite für weniger Risiko« sein. Und sie sind allemal besser, als das Geld nutzlos auf dem Sparbuch »verrotten« zu lassen! Vor dem Kauf unbedingt auf niedrige jährliche Gebühren (TER) von möglichst unter 1,0 Prozent achten. Außerdem sollte kein Ausgabeaufschlag als Einmalgebühr beim Kauf anfallen.

Musterdepot
In einem Musterdepot kann man virtuell Aktien handeln, um Börsenerfahrungen zu sammeln und danach den Einstieg in den Kapitalmarkt zu wagen. Kostenlose Musterdepots sind bei Angabe einer gültigen E-Mail-Adresse nutzbar. Dort werden allerdings auch kostenpflichtige Angebote beworben.

N

Nachhaltige Geldanlage
Anlage in Bereiche, die der Umwelt gegenüber mehr Nutzen als Schaden anrichten. Das Ziel besteht darin, dem Planeten Erde dabei nicht mehr zu entnehmen, als im gleichen Zeitraum wieder nachwachsen kann. Sie müssen keineswegs befürchten, bei der Rendite vielleicht schlechter abzuschneiden.

Es geht dabei nicht nur um Recycling, einen reduzierten CO_2-Ausstoß, weniger Wasser- und Energieverbrauch, Tier- und Pflanzenwohl, sondern auch um gesellschaftliche Werte sowie umweltfreundliche Infrastruktur und Abfallverwertung. Aktienfonds mit nachhaltiger Ausrichtung erzielen gegenüber anderen Aktienfonds im Ein-, Fünf- und Zehn-Jahresvergleich vergleichbare, mitunter sogar höhere Renditen.

Nanotechnologie
Den Strukturen in Nanometergröße (*nano* = Zwerg), der Millionste Teil eines Millimeters, werden beeindruckende Eigenschaften nachgesagt. Ein Nanometer steht zum Fußball im gleichen Verhältnis wie der Fußball zur Erdkugel. Die Grundlagenforschung umfasst insbesondere Naturwissenschaften.

Nasdaq 100
An der US-Technologiebörse Nasdaq sind Hightech-, Biotech-, Internet- und Medienaktien gelistet. Der Nasdaq 100 als sein wichtigster Index eilte jahrelang von einem zum nächsten Allzeithoch. Dieser Aufwärtstrend ließ dann im Jahr 2021 nach und mündete Anfang 2022 in eine deutliche Korrektur, was wenig verwunderlich ist, weil die enthaltenen Wachstumstitel zwar chancenreich, aber auch besonders volatil sind und empfindlich auf steigende Zinsen reagieren.

Nebenwerte
Dazu zählen z. B. die Aktien mit kleinerer Marktkapitalisierung (Small Caps und Micro Caps). Man findet solche Aktien beispielsweise in folgenden Indizes: SDAX, SCALE und m:access. In diesen Jagdrevieren stöbere ich nach substanzstarken Titeln und guter Gewinnentwicklung.

Bei Nebenwerten liegen Licht und Schatten eng beieinander. Die Volatilität und damit das Risiko sind besonders stark ausgeprägt, ebenso die Gewinnchancen. Nebenwerte bedürfen einer genaueren Analyse und sind daher meist nicht für Neueinsteiger geeignet!

Neuemission
Eine AG tritt ihren Börsengang (IPO: Initial Public Offering) an. Bei einer Notierung im Prime Standard besteht die Aussicht, bei späteren Indexüberprüfungen in den DAX, MDAX, TecDAX oder SDAX aufzusteigen. Das Bookbuilding-Verfahren nennt die Preisspanne, zu der die neuen Aktien von am Kauf interessierten Anlegern gezeichnet werden können.

Achtung! Es ist meist sehr riskant, in Aktien zu investieren, wenn sich die Unternehmen am Markt noch nicht behaupten konnten!

Nichtzyklische Aktien
Dies sind die nicht konjunkturabhängigen Aktien von Unternehmen, die in den Bereichen Energie, Versorgung, Nahrungsmittel, Haushaltsbedarf und Versicherungen tätig sind. An Essen, Trinken, Pflegemitteln, Strom und Heizung wird auch in Krisen kaum gespart. Diese defensiven, oft substanzstarken und nachhaltigen Aktien zählen meist zum Value-Sektor.

Nikkei 225
Leitindex für 225 japanische Aktien, die an der Börse Tokio notieren.

NYSE (New York Stock Exchange)
Die NYSE an der Wall Street gilt als wichtigste Aktienbörse. Der Dow-Jones-Index mit den 30 größten US-Industrie-Konzernen liefert Vorgaben für die weltweite Kursentwicklung der Standardwerte.

O

Order
Hier geht es um Aufträge im Wertpapierhandel. Häufiges Kaufen und Verkaufen geht aber ins Geld! In der Regel ordere ich daher Aktien-Pakete zwischen 1000 Euro und 2000 Euro und achte dabei auf den tageszeitlich schwankenden Spread.

P

Penny Stocks
Aktien, die unter dem Kurs von 1 Euro notieren. Penny Stocks sind beliebte Spielwiesen für Zocker, aber für Privatanleger oft ungeeignet bei langem Anlagehorizont.

Performance
Dies ist die Entwicklung des Depots und einzelner Wertpapiere.

Performance-Index
Im Gegensatz zum Kursindex werden hier beim Indexstand auch die Dividenden berücksichtigt. Der DAX ist ein Performance-Index. Fast alle ausländischen Indizes sind hingegen Kursindizes.

Photovoltaik/Solarenergie
Die Zukunft gehört den erneuerbaren Energien im Kampf gegen den Klimawandel. Solare Energiegewinnung bleibt ein Megatrend.

Portfolio
So wird der Depotbestand von Anlegern, die Wertpapierzusammensetzung bei Fondsmanagern und die Produkt-Pipeline von Unternehmen genannt.

Prime Standard
Teilbereich des regulierten Marktes bei der Deutschen Börse AG. Für den **Prime Standard** gelten nach der Wirecard-Pleite strengere Auflagen. Im Prime Standard sind alle Aktien von DAX, MDAX, TecDAX, SDAX und DAXplus Family 30 vertreten.

Publikumsfonds
Aktien-, Renten-, Geldmarkt-, Dach- und Mischfonds zählen zu Publikumsfonds. All diese Produkte werden von der Bundesanstalt für Finanzdienstleistungsaufsicht BaFin kontrolliert bzw. überwacht.

Q

Quanto
Der Zusatz besagt, dass der betreffende Aktienfonds oder ETF währungsgesichert ist und die Kursentwicklung nicht mit dem Wechselkurs etwa zwischen Euro, Dollar, Yen oder einer sonstigen Währung schwankt.

Quartalsbericht
Von den im Prime Standard notierten AGs verlangt die Deutsche Börse vierteljährlich Berichte über die Umsatz- und Gewinnentwicklung. Die Halbjahreskommentare müssen ausführlich sein.

R

Rating/Ranking
Die Rating-Skalen bestimmter Agenturen (z. B. S&P, Moody's, Fitch und Feri Trust) beurteilen die Kreditwürdigkeit von Staaten und Fonds. AAA ist die höchste Bonitätsstufe. Rating bewertet qualitative Kriterien wie das Management, Ranking quantitative Maßstäbe wie die Rendite. Letzteres verwendet das Sterne-System.

Referenzindex
Klassische ETFs bilden den Referenzindex möglichst genau nach. Aktiv gemanagte Investmentfonds haben je nach Statuten mehr Freiraum – hier dient der Referenzindex auch als Benchmark (siehe dort).

Regenerative Energie
Ob Solarenergie, Windkraft, Erdwärme oder Biodiesel: Bevölkerungswachstum, knapper werdende fossile Energieträger und Klimawandel machen erneuerbare Energien unverzichtbar.

Regionalbörsen
Neben der Leitbörse in Frankfurt gibt es die Regionalbörsen Berlin, Bremen, Düsseldorf, Hamburg-Hannover, München und Stuttgart.

Rendite
Sie bezeichnet den prozentualen Wertpapierertrag im Verhältnis zum eingesetzten Kapital. Die Dividendenrendite bezieht sich auf die prozentuale Ausschüttung für bestimmte Zeiträume. Langfristig haben aktienbasierte Anlagen (Aktien, ETFs, Aktienfonds) eine wesentlich höhere Rendite erzielt als andere Assetklassen.

REIT
Ein Real Estate Investment Trust (REIT) ist ein Unternehmen, das Immobilien besitzt, vor allem Gewerbeimmobilien, darunter Büro- und Wohngebäude, Lagerhäuser, Krankenhäuser, Einkaufszentren. Oft werden überdurchschnittlich hohe Dividenden gezahlt.

Reverse-Split
Beim Umkehrsplit werden Aktien zusammengelegt, z. B. im Verhältnis 5:1 oder 10:1, um einen Kapitalschnitt vorzunehmen und eine Kapitalerhöhung zu ermöglichen. Dies wäre bei einer Notierung von unter 1 Euro unzulässig. Trotz Kapitalherabsetzung – ein- oder zweimal sogar im Verhältnis von 10:1 – konnten sich beispielsweise Intershop und Solarworld nie mehr richtig erholen.

Riester-Rente
Nutznießer dieses staatlich geförderten Altersvorsorgemodells sind Personen, die in die gesetzliche Rentenversicherung einzahlen. Gefördert werden zertifizierte Rentenversicherungen, Investmentfonds und Banksparpläne. Viele Riesterverträge erzielen aber ein enttäuschendes Gesamtergebnis, da die Gewinne und Zulagen zu einem beträchtlichen Teil von den hohen Gebühren aufgezehrt werden sowie von der Absicherung für entsprechende Investments, die der Staat vorgibt.

Risikoneigung
Jeder sollte seine Risikobereitschaft und Renditeerwartung kennen und richtig einschätzen. Als bedingt risikofreudiger Anleger weiß ich, dass es bei Sparbuchzinsen nahe 0 Prozent wohl das größte Risiko ist, überhaupt kein Risiko eingehen zu wollen. Bei Einzelaktien setze ich auf eine gute Mischung aus Growth-(Wachstums-)Aktien, nachhaltigen Aktien sowie auf niedrig bewertete, dividendenstarke Value-Titel. Zu Beginn der Anlage können ETFs helfen, eine breite Streuung zu ermöglichen.

Robo Advisor
Robo bedeutet Roboter, Advisor steht für Beratung. Ein Robo Advisor stützt sich auf systematische, weitgehend automatisierte Prozesse, um Anlageempfehlungen zu geben. Gleichzeitig soll der Kunde vor emotional getriebenen Anlage-Entscheidungen geschützt werden.

Robo Advisor treffen aber eine Vorauswahl auf Grundlage der dafür errichteten Programme. Die Dienstleistungen sind oft mit laufenden Kosten verbunden und können eine persönliche Beratung nicht ersetzen. Außerdem können sie Kursverläufe nicht in einen ganzheitlichen Kontext auf Grundlage aktueller Ereignisse setzen.

Robotik, Roboter
Die Robotik greift auf Grundsätze der Informationstechnik zurück und nutzt die Möglichkeiten der künstlichen Intelligenz. Kernbereiche bilden die Entwicklung und Steuerung von Robotern für unterschiedlichste Branchen und Anwendungen in der Fahrzeugindustrie, in Militär, Wissenschaft, Medizin, Maschinenbau, aber auch bei Denkspielen wie Schach. Auf der Basis von Sensoren, Aktoren und Informationsverarbeitung spielt die Robotik eine immer größere Rolle in der Elektrotechnik und im Maschinenbau. Wegweisend sind die USA, China und Japan.

Rohstoffmarkt
Das direkte Investieren in Rohstoffe ist oft umständlich und teuer. Zur Anlage in Edelmetalle und Rohstoffe nutze ich lieber ETFs und Rohstoff-ETCs sowie chancenreiche Einzelaktien.

Rückkaufprogramme
Für Aktionäre ist dies oft ein gutes Zeichen, wenn eine Aktiengesellschaft selbst in eigene Aktien investiert. Es kurbelt den Kurs an und kann als Vertrauensbeweis interpretiert werden.

S

SCALE
Das Mittelstandssegment für junge börsennotierte Firmen am Börsenplatz Frankfurt. Wer zum Wachstumssegment SCALE gehören will, muss über zwei Jahre alt sein, mit positivem Eigenkapital, profitabel wirtschaften, Jahresumsätze ab 10 Millionen Euro und einen Börsenwert ab 30 Millionen Euro nachweisen. Die Vorgaben sind strikt einzuhalten, damit es nicht wieder zu Zuständen wie früher am Neuen Markt kommt. Für mich ist SCALE eine gute Fundgrube für Nebenwerte, allerdings finden sich hier auch besonders spekulative und riskante Werte.

Schuldverschreibungen
Sie heißen auch Bonds, Anleihen, Renten, Obligationen und verbriefen Gläubigerrechte. Der Inhaber ist kein Anteilseigner, sondern hat Anspruch auf Nennwert-Rückzahlung. Auch Zertifikate gehören zu den Schuldverschreibungen.

Schulter-Kopf-Schulter-Formation
Diese charttechnische Formation besteht aus Kopf und Schultern. Die **Nackenlinie** verbindet die Tiefpunkte. Der Durchstoß nach unten ist ein Verkaufssignal. Hält die Unterstützungslinie, bietet sich ein Kauf an. Für Langfristanleger sollten charttechnische Signale alleine aber noch nicht zu einem Komplettverkauf führen.

SDAX
Bei der Neusegmentierung 2003 wurde der SDAX umstrukturiert. Er umfasst nach dem MDAX die 70 größten AGs klassischer Value-Branchen, ergänzt um TecDAX-Titel. Technologie zieht also in den MDAX und SDAX ein und macht diesen Sektor attraktiver. Hier dominieren flexible familiengeführte Mittelständler, die sich in Nischen behaupten. Der SDAX schnitt langfristig etwas besser als der DAX ab, weil manövrierfähige Schnellboote rascher reagieren als Dickschiffe.

Sell on good news
Der Tipp, nach positiven Nachrichten auszusteigen, beruht auf der Erfahrung, dass gute Geschäftszahlen oft vorweggenommen werden. Der Ratschlag übersieht jedoch, dass die besten Aktien langfristig steigen, es also unklug ist, sich von ihnen komplett zu trennen. Klüger ist ein Teilverkauf. Die Aussage steht im Widerspruch zu: »The trend is your friend«.

Sell-out

Der panikartige Aktienverkauf zu Tiefstpreisen zeigt meist schon die Crash-Bodenbildung an. Die Chance auf Trendumkehr steigt. Wer die Nerven behält und behutsam zukauft, statt verlustreich seine Aktien aus dem Depot zu werfen, gehört bei einem Sell-out zu den Gewinnern.

Short Sell

Short Sells (Leerverkäufe, siehe dort) sind bei Hedgefonds, dubiosen Research-Instituten und Spekulanten beliebt. Short Seller verkaufen von Brokern oder Banken geliehene hoch bewertete Aktien, um sie später an der Börse billig zurückzukaufen. Nicht immer geht die Strategie auf.

Short-Strategie

Untergangspropheten schüren Crash-Angst. Manch einer sichert sich mit Puts (Anlageprodukten, die auf einen fallenden Markt setzen) ab, um in Bärenphasen Geld zu verdienen. Die durch die Absicherung anfallenden Gebühren schwächen die Gewinnentwicklung.

Beim Anschlag auf den Mannschaftsbus von Borussia Dortmund im April 2017 kaufte der Täter zuvor Tausende von Short-Optionsscheinen und Short-Derivaten, um durch Tod und Verletzung von BVB-Spielern den Aktienkurs in die Tiefe zu treiben. Damit flog er auf. Statt aus 80.000 Euro Gewinne von 4 Millionen Euro zu machen, ging er für lange Zeit ins Gefängnis.

Solarenergie

Darunter verstehen wir die aus Sonnenenergie gewonnene erneuerbare Energie. Diese Energiequelle ist nahezu unerschöpflich. **Photovoltaik** gilt als die wichtigste Form der Solarstromerzeugung. Solar- und Windenergie sind die Grundpfeiler künftiger Energiequellen. Allerdings ist die Produktion von Solarstrom abhängig von zahlreichen äußeren Faktoren wie Jahres- und Tageszeit, Wetterlage, Beschattung und so weiter. Deutschland spielt im Gegensatz zu den Anfängen 2004/2005 im weltweiten Solarmarkt nur noch eine untergeordnete Rolle.

Sparerpauschbetrag

Steuerlicher Freibetrag für Gewinne aus Kapitalerträgen. Was unter dem Sparerpauschbetrag bleibt, ist von der Abgeltungsteuer befreit. 2022 liegt der Sparerpauschbetrag noch bei 801 Euro pro Jahr (1602 Euro bei zusammen veranlagten Ehepaare). Ab 2023 ist eine Anhebung auf 1000 Euro (bzw. 2000 Euro für Ehepaare) geplant. Liegt der Bank ein entsprechender Freistellungsauftrag vor, schreibt sie Dividenden, Zinseinkünfte und Kursgewinne bis zum Ausschöpfen dieser Grenze steuerfrei gut. Bei mehreren Depots empfiehlt es sich, den Sparerpauschbetrag entsprechend der erwarteten Gewinne auf mehrere Freistellungsaufträge aufzuteilen.

Sparplan
Kauf von Wertpapieren in regelmäßigen Abständen mit immer gleichen Raten. Berufsstarter sollten für Vermögensaufbau und Altersvorsorge einen Sparplan über preiswerte Indexfonds (ETFs) mit niedrigen Gebühren abschließen und den Cost-Average-Effekt nutzen. Bei gleich hohem Monatseinsatz werden bei sinkenden Preisen mehr und bei steigenden Kursen weniger Anteile ins Depot eingebucht.

Spekulationsblase
Die Börse neigt zu Über- und Untertreibungen, angeheizt durch Gier und Panik. Dabei können sich Spekulationsblasen aufblähen, die irgendwann platzen. Crash-Propheten warnen tagtäglich vor gigantischen Blasen und wollen damit Verunsicherung schüren und eigennützig auf teure Anlageprodukte verweisen. Das ist gar nicht nötig, wenn man mit Bedacht stark überbewertete Aktien meidet.

Split
Mithilfe eines Aktiensplits wirkt der Titel optisch billiger. Zuvor teure Papiere sind durch Stückelung im Verhältnis von 1:2, 1:3, 1:5 und so weiter besser handelbar. Der Wert ändert sich dadurch nicht. Ein Vergleich: Ich kann eine Torte in mehrere Stücke aufteilen. Solange ich sie nicht aufesse, bleibt die Gesamtmenge gleich. Ein Split(t) signalisiert, dass der Vorstand mit weiterem Wachstum rechnet.

Spread
Bei jeder Order bedeutet der Spread die Spanne zwischen dem aus Anlegersicht etwas höheren Briefkurs beim Kauf (Ask) und dem niedrigeren Geldkurs beim Verkauf (Bid). Der Spread ist oft vor 8:00 Uhr und nach 19:00 Uhr besonders hoch. Die Spanne reicht von unter 0,1 Prozent bis deutlich über 1,5 Prozent des Ordervolumens!

Squeeze-out
Die Regelung erlaubt, bei **feindlichen Übernahmen** verbleibende Aktionäre mit einer dem tatsächlichen Wert entsprechenden Zwangsabfindung heraus drängen. Der Bieter muss dabei 95 Prozent der Anteile kontrollieren.

Stammaktien

Auch Stämme (St.) genannt, verbriefen diese Aktien das volle Stimmrecht bei der Hauptversammlung. Im Gegensatz dazu stehen Vorzugsaktien oder Vorzüge (Vz.). Sie erzielen meist höhere Dividenden, als Anleger hat man dafür aber keine Mitspracherechte.

Stop-Loss-Order

Um bei einem Kurssturz glimpflich davonzukommen, werden Stop-Loss-Orders zur Gewinnabsicherung und Verlustbegrenzung eingesetzt. Es handelt sich um Verkaufsorders, die automatisch ausgelöst werden, sobald die eingegebene Kursschwelle berührt oder unterschritten wird. Das Stop-Loss-Limit wird bei Bedarf nachgezogen. Dies kann im Abwärtstrend oder bei längerer Abwesenheit funktionieren. Bei Blue Chips kann die Spanne knapper, bei volatilen Titeln weiter sein. Marktkundige Aktionäre verkaufen, wenn die Fundamentaldaten enttäuschen und die Charttechnik Verkaufssignale liefert. Bei hochriskanten Hebelzertifikaten und hochspekulativen Aktien sind Stop-Loss-Orders hingegen unverzichtbar. Frust kommt auf, wenn die Aktie kurz vor der Gewinnausschüttung ausgestoppt wurde. Beim DAX-Absturz zu Beginn des Corona-Crashs im März 2020 sorgten Computer-Abverkäufe für großen Schaden bei Privatanlegern. Wer hier auf Stoppkurse vertraute, hatte keine Aktien mehr, sondern er wurde gezwungen, die Aktien zu einem schlechten Kurs zu verkaufen und die Verluste somit zu realisieren. Daher verzichte ich weitgehend auf Stop-Loss-Orders und achte dafür ständig auf aktuelle Nachrichten.

Strafzölle

Strafzölle und Sanktionen behindern den freien Warenverkehr. Insbesondere die deutsche Exportwirtschaft zählt zu den Leidtragenden.

Streubesitz

Damit ist der nicht im festen Besitz befindliche Aktienanteil gemeint. Für die DAX-Gewichtung gelten Börsenwert und frei handelbare Stücke, Free Float genannt. Bei hohem Streubesitz steigt die Gefahr feindlicher Übernahmen, wenn ein verlässlicher Ankeraktionär fehlt.

Substanz- bzw. Buchwert

Er bezieht sich auf Immobilien, Fuhrpark, Anlagen, Maschinen. Liegen Aktienkurs und Buchwert nahe beieinander, ist die Bewertung bei Value-Werten angemessen. Übertrifft der Buchwert den Kurs deutlich, erscheint der Titel unterbewertet. Dies kann allerdings auch mit einer schlechten Unternehmensperspektive zu tun haben.

S&P 500
Der bei Profis geschätzte S&P 500 umfasst die 500 größten börsennotierten US-Firmen. Die besten der 500 Titel aus diesem Index herauszufiltern, ist kaum möglich. Ein aktiv gemanagter S&P-Aktienfonds kann hier sogar einem ETF überlegen sein, denn der ETF muss den ganzen Index abbilden – auch die schwachen Aktien.

T

TecDAX
Im Frühjahr 2003 wurde der skandalumwitterte Neue Markt durch den TecDAX ersetzt. Er umfasst die großen AGs aus dem Hightech-Sektor. In ihm sind Wachstumswerte in stärkerem Maß vertreten, was ähnlich wie bei der NASDAQ aus den USA mit größeren Chancen aber auch einem höheren Risiko einhergeht.

Technische Wertpapieranalyse
Charttechniker richten ihr Augenmerk auf die Entwicklung von Wertpapieren, Rohstoffen, Währungen und so weiter. Sie stellen Kursverläufe grafisch mittels Linien, Balken und Kerzen dar. Langzeitcharts erlauben begrenzte Rückschlüsse auf künftige Entwicklungen von Aktien, Indizes, Branchen. Der Trend, die Trendumkehr, der Trendkanal und damit verbundene Unterstützungs- und Widerstandslinien sind wegweisend. So kann die Über- bzw. Unterschreitung der 200-Tages-Linie einen zusätzlichen Kauf- bzw. Teilverkaufsimpuls geben.

TER (Total Expense Ratio)
Diese Zahl, ausgedrückt in Prozent des Anlagevolumens, gibt die gesamte jährliche Kostenquote eines Fonds an. Bei Aktienfonds beträgt diese Gesamtkostenquote oft zwischen 1 Prozent und 2 Prozent, bei ETFs lediglich ca. 0,1 Prozent bis 0,7 Prozent. Im Gegensatz zum Ausgabeaufschlag (Einmalgebühr beim Kauf aktiv gemanagter Fonds) handelt es sich bei der TER um jährliche Gebühren.

Thesaurierung
Man spricht von einem thesaurierenden Fonds oder ETF, wenn die Dividenden und Zinsen, die im Fondsportfolio anfallen, nicht an die Anteilseigner aus-

gezahlt, sondern ins Fondsvermögen reinvestiert werden. Der für den Vermögensaufbau wichtige Zinseszinseffekt wird bei dividendenstarken Fonds auf diese Weise ideal umgesetzt.

Trend
»The trend is your friend« (»Der Trend ist dein Freund«) lautet ein Börsianer-Sprichwort, das zeigt, dass es unklug ist, sich gegen den vorherrschenden Trend zu stemmen. Mutiges antizyklisches Handeln heißt, entgegen dem Herdentrieb frühzeitig auf Trendwenden zu reagieren.

Turnaround
Hier geht es um die Erholungsfähigkeit von schwächelnden Unternehmen, Wer den Turnaround schafft, hat das Tal durchschritten und schreibt wieder schwarze Zahlen. Bleibt allerdings die Rückkehr in die Gewinnzone aus, droht den Aktien ein erneuter Kurssturz.

U

Übernahme
Feindliche Übernahmen drohen Unternehmen, die keinen treuen Ankeraktionär, aber einen hohen Streubesitz (Free Float) haben. Freundliche Übernahmen sind üblich, wenn das Zielunternehmen gut zur Bieterfirma passt.

Überzeichnung
Bei begehrten Neuemissionen (Initial Public Offerings, siehe dort) sind Zeichnungsgewinne zu erwarten. Der Ausgabepreis dürfte am oberen Ende der Bookbuilding-Spanne liegen. Ein Blick auf außerbörsliche Kurse macht Chancen berechenbar. Wer bei der Zeichnung leer ausgeht, sollte Geduld üben. Oft geht der Kurs nach der anfänglichen Euphorie wenige Wochen später wieder zurück.

Ultimo
Angabe zur Gültigkeitsdauer einer Wertpapierorder. Die Angabe beschränkt die Gültigkeit bis zum letzten Börsentag im laufenden Monat.

Umkehrformation
Dies ist eine Chartformation, die auf eine Trendumkehr hinweist, wie die M-, W-, Schulter-Kopf-Schulter- und Untertassenformation.

Unterstützungslinie
Tiefstand eines Wertpapiers, der bei fallenden Kursen mehrfach nicht nach unten durchbrochen wurde. Wird die Unterstützungslinie nach unten durchbrochen, ist dies ein Verkaufssignal. Hält sie, deuten Chart-Experten dies positiv und raten zum Kauf.

V

Value-Aktien
Ab 2000, als die Kurse weltweit in den Keller rauschten, erntete der Value-Investor Warren Buffett, der alles verschmäht, was er nicht kennt und versteht, neuen Ruhm. Der Value-Ansatz ist auf defensive, substanzstarke, nachhaltige Aktien zugeschnitten. Die Corona-Krise 2020 mit dem zunächst heftigsten Kurseinbruch auch beim Leitindex DAX in diesem Jahrtausend hat aber gezeigt, dass auch die niedrig bewerteten Value-Aktien keineswegs vor hohen Verlusten geschützt sind.

Verkaufssignale
Sie entstehen, wenn der Aktienkurs an der oberen Widerstandslinie abprallt. Dies gilt ebenso, wenn die untere Unterstützungslinie nicht hält.

Verlustbegrenzung
Vernünftig ist es, Gewinne substanzstarker Aktien laufen zu lassen und bei schlechten Nachrichten Verluste beherzt zu begrenzen. Das Geheimnis des Börsenerfolgs liegt darin, dass es nach oben keine Grenzen gibt.

Verzinsliche Wertpapiere
Dazu zählen Staats- und Unternehmensanleihen, auch Schuldverschreibungen, Rentenpapiere, Bonds oder Obligation genannt. Es sind Gläubigerpapiere mit festem oder variablem Zinssatz, vereinbarter Laufzeit und Tilgungsform. Gläubiger sind Käufer von Schuldtiteln.

Volatilität
Diese Schwankungsbreite ist bei vielen Hightech-Aktien besonders ausgeprägt. Wer das heftige Auf und Ab nervlich nicht aushält, vertraut lieber auf große Standardwerte oder investiert in ETFs. Es ist unsinnig, Kursschwankungen zu verteufeln. Sie bieten für engagierte, marktkundige Anleger gute Chancen, zu

niedrigen Kursen preisgünstig einzusteigen und zuzukaufen. Umgekehrt bieten unerwartete, plötzliche Jahres- und Allzeithochs die Chance für einen lukrativen Teilverkauf.

Volumen des Fondsvermögens
Es gibt alteingeführte Misch-, Renten- und Aktienfonds mit einem Fondsumfang im zweistelligen Milliardenbereich. Demgegenüber stehen Winzlinge, die nicht einmal einen zweistelligen Millionenbetrag aufweisen. Dies ist nicht beunruhigend, wenn der Fonds erst vor einem Jahr aufgelegt wurde.

Vorzugsaktien
Auch Vorzüge genannt. Aktienform, die im Gegensatz zu Stammaktien (siehe dort) mehr Dividende, dafür aber keine Mitsprache bietet.

W

Wachstumswerte
Dazu zählen Hightech-, Biotech-, Medtech-, Internet- und Medienwerte. Growth-Aktien sind attraktiv, wenn die Konjunktur anzieht und die Eroberung neuer Märkte zum Umsatz- und Gewinnanstieg führt.

Wall Street
Dies ist die Straße, in der die US-amerikanische Leitbörse New York Stock Exchange (NYSE) ihren Haupt-Geschäftssitz hat.

Wandelanleihen
Die Aktionäre können bei den von der AG ausgegebenen Wandelanleihen wählen, Einsatz und Zinsen ausgezahlt zu bekommen oder die vereinbarte Anzahl von Aktien zum aktuellen Kurs zu nehmen. Wandelanleihen sind mit einem eher niedrigen Zinskupon ausgestattet und gelten als fair wegen der angebotenen Wahlmöglichkeit zwischen Auszahlung und Aktienerwerb. Für sicherheitsbewusstere Anleger gibt es auch einige ETFs, die mit Wandelanleihen bestückt sind. Bei der durchschnittlichen Rendite muss man im Vergleich zum reinen Aktien(fonds)investment meist Abstriche machen.

Wertgesicherte Fonds
Solche Garantiefonds sind strukturierte Fonds mit Kapitalgarantie. Die Rendite überzeugt in der Regel nicht.

Wertpapier-Kenn-Nummer (WKN)
Wer Aktien telefonisch oder online ordert, verwendet gern die sechsstellige WKN, die der eindeutigen Identifikation eines Wertpapiers dient. Die zwölfstellige **ISIN** (siehe dort) erfüllt den gleichen Zweck.

Widerstandslinie
Charttechnisch wird die Ampel auf »Grün« gestellt, wenn die Widerstandszone vom Chart nachhaltig nach oben durchstoßen wird. Größere Barrieren liegen psychologisch bedingt bei runden Zahlen und früheren Index-Hochständen.

X

Xetra
Das vollelektronische börsliche Handelssystem der Deutschen Börse AG in Frankfurt, über den der Großteil des Aktienhandels in Deutschland läuft.

Z

Zeichnung
So heißt die Abgabe eines Kaufangebots für neue Aktien zum Ausgabepreis. Hohe Zeichnungsgewinne am ersten Börsentag sind im Gegensatz zu den Zeiten des Neuen Marktes heutzutage nur bei attraktiven Titeln zu erwarten. Auch Anleihen kann man als Anleger bei Emission zeichnen.

Zinspolitik
Mit der schwersten Finanz- und Weltwirtschaftskrise 2008/2009 wurde zur Stabilisierung des Finanzsystems eine Niedrigzinspolitik eingeläutet. Als Folge der Corona-Pandemie mit weltweit zunehmender Verschuldung wurden die Kapitalmärkte regelrecht mit Geld geflutet. Seit Ende 2021 machen den Anlegern angesichts steigender Inflationsraten in der westlichen Welt mögliche Zinserhöhungen Sorgen.

Zukunftsmärkte Megatrends
Ob regenerative Energien, künstliche Intelligenz, demografischer Wandel. Die Transformation zu neuen Geschäftsfeldern ist bereits in vollem Gange. Durch die Digitalisierung kommt es zu neuen Höhenflügen in bestimmten Branchen und dort tätigen innovativen Unternehmen. Der Nachhaltigkeitstrend wird sich im Kampf gegen den Klimawandel weiter verstärken. Zu den großen Zukunftsmärkten zähle ich Gesundheitswesen, Pharmazeutik, Biotechnologie, Informationstechnologie, Kreislaufwirtschaft und Medizintechnik.

Zykliker, zyklische Aktien
Dieser Begriff bezeichnet konjunkturabhängige Unternehmen wie etwa Maschinen- und Autobauer, Chiphersteller, Stahl-, Bergbau,- Biotech- und Chemiekonzerne. Beim Konjunkturaufschwung werden zyklische, offensive, wachstumsstarke Titel (Growth) favorisiert. Ist der Hochpunkt überschritten, nehmen vorsichtige Anleger am liebsten nichtzyklische, defensive, fair bewertete, dividendenstarke Titel (Value) wie Versorger, Pharma-, Konsumgüter-, Versicherungs-, Immobilien- und Energiewerte in ihr Depot.

Sachwortverzeichnis

Ein Service der Münchner Verlagsgruppe:
kurs+
mehr Wissen!
Autoren live erleben – Fragen stellen
Abonnieren Sie unverbindlich unseren Newsletter – alles über unsere kostenlosen Veranstaltungen, Kongresse und Seminare.
www.seminar-newsletter.de

Die besten Aktien findet man nicht im DAX

Uwe Sander; Beate Sander

Viel zu oft konzentrieren sich Anleger auf die Unternehmen im deutschen Leitindex. Nicht erst seit dem Wirecard-Skandal bestätigt sich: Das kann ein fataler Fehler sein. Denn die Nebenwerte-Indizes MDAX, SDAX oder TecDAX sowie die internationalen Börsenplätze schlagen den DAX um Längen, wenn es um die Wertentwicklung geht.
Wichtig ist aber nicht nur die richtige Wahl der Aktien, sondern auch der richtige Zeitpunkt des Kaufs und (Teil-)Verkaufs. In diesem Buch werden systematisch alle Grundsätze der Hoch-Tief-Mut-Strategie gut verständlich erklärt und mit Einblicken in das Erfolgsdepot von Beate und Uwe Sander kombiniert. Die Autoren zeigen, über welch enormes Potenzial Nebenwerte verfügen. Dabei geht es nicht nur um die Nebenwerte-Börsenbarometer. Chancenreich sind auch ausländische Aktien, Aktienfonds und die beliebten Aktienkörbe-ETFs.
In Kurslisten und Auswahldepots finden Börsenneulinge und fortgeschrittene Anleger wichtige Informationen zu zukunftsfähigen Titeln. Vorsichtige ebenso wie erfolgsorientierte und risikofreudige Anleger erhalten Vorschläge für den Aufbau eines zukunftsfähigen Depots ab 5 000 Euro.

240 Seiten | Hardcover | 25,00 € (D) | 25,80 € (A) | ISBN 978-3-95972-426-5

Der Aktien- und Börsenführerschein

Beate Sander

Mit der 10., komplett neu bearbeiteten Auflage erscheint der mehr als 35.000-fach verkaufte Bestseller neu mit Musterdepots für erfolgsorientierte Anleger (Aktien und EFTs) und weiterhin großem Frage- und Antwortteil für Selbsttests zum Thema Börsenwissen. Vom Portfolio-Management über unterschiedliche Anlageklassen bis hin zu ETFs, Fundamentalanalyse, Charttechnik und Börsenpsychologie deckt »Der Aktien- und Börsenführerschein« von Beate Sander alle wichtigen Bereiche ab und gibt viele ganz konkrete Tipps für einen erfolgreichen Start als Börsenanleger oder Trader.

336 Seiten | Softcover | 29,99 € (D) | 30,90 € (A) | ISBN 978-3-95972-279-7

Beate Sander – wie man reich und weise wird

Katja Heijnen

Wer sich in Deutschland mit dem Thema Börse beschäftigt, kommt an Beate Sander nicht vorbei: Deutschlands berühmteste Aktionärin kaufte mit 59 Jahren ihre erste Aktie, entwickelte eine eigene Börsenstrategie und machte aus 30.000 Euro Starkapital fast 3 Millionen.

Viele ihrer zahlreichen Börsenratgeber wurden Bestseller. Sie selbst war gefragter Interviewgast im In- und Ausland. Beate Sander hatte in ihrem Leben etliche Kämpfe auszufechten: Ihre Kindheit war geprägt von Nächten im Luftschutzkeller, einer Mutter, die sie ablehnte, weil sie den weiblichen Rollenklischees nicht entsprach, ihrer Flucht aus der DDR. Später ihr schwieriger Weg ohne Abitur über Begabtenprüfungen hin zur leidenschaftlichen Lehrerin.

Dabei wird klar, dass sie uns weit mehr als nur Börsenwissen zu vermitteln hat. Wie man Risiken richtig abschätzt, gute Entscheidungen trifft, seinem Glück auf die Sprünge hilft und in Krisen nicht den Kopf verliert – all das sind Dinge, die wir von der »Börsenoma« lernen können.

256 Seiten | Hardcover | 22,99 € (D) | 23,70 € (A) | ISBN 978-3-95972-429-6

Die richtige Geldanlage in Krisen und im Crash

Beate Sander

In Krisenzeiten und im Crash ist die richtige Strategie für Erhalt und Aufbau des eigenen Vermögens entscheidend. Börsenexpertin Beate Sander war fast 25 Jahren an der Börse aktiv. Sie zeigt auf, wie das Depot auch durch stürmische See gelenkt werden kann.
Egal, ob 5000 oder 50 000 Euro verfügbar sind: Dieses Buch bietet Anlagemodelle sowohl für vorsichtige als auch für erfolgsorientierte und risikofreudige Anleger, immer auch abhängig von Lebensalter, Börsenwissen, Geldbeutel, Zeit und Lust. Ebenso unterstützen Musterdepots – gebildet aus Indizes, Branchen und Nationen – für Einzelaktien, ETFs und aktiv gemanagte Aktienfonds die eigene Auswahl.
Das Buch bringt zahlreiche Beispiele, wie sich gerade im Crash und in unruhigen Börsenzeiten die Hoch–/Tief-Mutstrategie von Beate Sander bei substanz- und wachstumsstarken Aktien, bei Sieger- und Verlierer-Branchen gekonnt und zielgerichtet anwenden lässt.

224 Seiten | Hardcover | 24,99 € (D) | 25,70 € (A) | ISBN 978-3-95972-378-7

Gutes Gewissen und dennoch erfolgreich

Beate Sander

Seit Greta Thunberg und der Friday-for-Future-Bewegung steht der Klimawandel im Fokus der Öffentlichkeit. Damit wird das Thema Nachhaltigkeit auch für die Geldanlage immer wichtiger. Doch welche Investments sind wirklich nachhaltig? Und wie finden Sie als Anleger die richtigen Produkte?
Bestsellerautorin Beate Sander zeigt anhand von Musterdepots und Übersichten in- und ausländischer Nachhaltigkeitsaktien, wie sich eine Geldanlage mit Aktien, ETFs und Aktienfonds mit gutem Gewissen umsetzen lässt. Spannend und anschaulich informiert sie, warum es sich lohnt, nachhaltig wirtschaftende Unternehmen zu unterstützen. Es geht um das wichtige Ziel, den Klimawandel und damit die drohende Erderwärmung aufzuhalten. Jede gekaufte Aktie bedeutet Eigenkapital. Es kann dazu dienen, Geschäftsmodelle mit erneuerbarer Energie und umweltfreundlichen Produkten voranzutreiben, wozu Tier-, Pflanzen- und Menschenwohl gehören. Ob kleiner oder großer Geldbeutel: Für alle Anlegertypen gibt es passende Modelle für eine vernünftige Geldanlage, von 5000 bis 100 000 Euro.

288 Seiten | Hardcover | 29,99 € (D) | 30,90 € (A) | ISBN 978-3-95972-335-0